BURMESE
VOCABULARY

FOR ENGLISH SPEAKERS

ENGLISH-BURMESE

The most useful words
To expand your lexicon and sharpen
your language skills

5000 words

Burmese vocabulary for English speakers - 5000 words
By Andrey Taranov

T&P Books vocabularies are intended for helping you learn, memorize and review foreign words. The dictionary is divided into themes, covering all major spheres of everyday activities, business, science, culture, etc.

The process of learning words using T&P Books' theme-based dictionaries gives you the following advantages:

- Correctly grouped source information predetermines success at subsequent stages of word memorization
- Availability of words derived from the same root allowing memorization of word units (rather than separate words)
- Small units of words facilitate the process of establishing associative links needed for consolidation of vocabulary
- Level of language knowledge can be estimated by the number of learned words

Copyright © 2019 T&P Books Publishing

All rights reserved. No part of this book may be reproduced or utilized in any form or by any means, electronic or mechanical, including photocopying, recording or by information storage and retrieval system, without permission in writing from the publishers.

T&P Books Publishing
www.tpbooks.com

ISBN: 978-1-83955-044-7

This book is also available in E-book formats.
Please visit www.tpbooks.com or the major online bookstores.

BURMESE VOCABULARY
for English speakers

T&P Books vocabularies are intended to help you learn, memorize, and review foreign words. The vocabulary contains over 5000 commonly used words arranged thematically.

- Vocabulary contains the most commonly used words
- Recommended as an addition to any language course
- Meets the needs of beginners and advanced learners of foreign languages
- Convenient for daily use, revision sessions, and self-testing activities
- Allows you to assess your vocabulary

Special features of the vocabulary

- Words are organized according to their meaning, not alphabetically
- Words are presented in three columns to facilitate the reviewing and self-testing processes
- Words in groups are divided into small blocks to facilitate the learning process
- The vocabulary offers a convenient and simple transcription of each foreign word

The vocabulary has 155 topics including:

Basic Concepts, Numbers, Colors, Months, Seasons, Units of Measurement, Clothing & Accessories, Food & Nutrition, Restaurant, Family Members, Relatives, Character, Feelings, Emotions, Diseases, City, Town, Sightseeing, Shopping, Money, House, Home, Office, Working in the Office, Import & Export, Marketing, Job Search, Sports, Education, Computer, Internet, Tools, Nature, Countries, Nationalities and more …

TABLE OF CONTENTS

Pronunciation guide	10
Abbreviations	11

BASIC CONCEPTS — 12
Basic concepts. Part 1 — 12

1. Pronouns — 12
2. Greetings. Salutations. Farewells — 12
3. How to address — 13
4. Cardinal numbers. Part 1 — 13
5. Cardinal numbers. Part 2 — 15
6. Ordinal numbers — 15
7. Numbers. Fractions — 15
8. Numbers. Basic operations — 16
9. Numbers. Miscellaneous — 16
10. The most important verbs. Part 1 — 17
11. The most important verbs. Part 2 — 18
12. The most important verbs. Part 3 — 19
13. The most important verbs. Part 4 — 19
14. Colors — 21
15. Questions — 21
16. Prepositions — 22
17. Function words. Adverbs. Part 1 — 22
18. Function words. Adverbs. Part 2 — 24

Basic concepts. Part 2 — 26

19. Weekdays — 26
20. Hours. Day and night — 26
21. Months. Seasons — 27
22. Units of measurement — 29
23. Containers — 30

HUMAN BEING — 32
Human being. The body — 32

24. Head — 32
25. Human body — 33

Clothing & Accessories 35

26. Outerwear. Coats 35
27. Men's & women's clothing 35
28. Clothing. Underwear 36
29. Headwear 36
30. Footwear 36
31. Personal accessories 37
32. Clothing. Miscellaneous 38
33. Personal care. Cosmetics 38
34. Watches. Clocks 39

Food. Nutricion 41

35. Food 41
36. Drinks 43
37. Vegetables 44
38. Fruits. Nuts 44
39. Bread. Candy 45
40. Cooked dishes 46
41. Spices 47
42. Meals 47
43. Table setting 48
44. Restaurant 49

Family, relatives and friends 50

45. Personal information. Forms 50
46. Family members. Relatives 50

Medicine 52

47. Diseases 52
48. Symptoms. Treatments. Part 1 54
49. Symptoms. Treatments. Part 2 55
50. Symptoms. Treatments. Part 3 56
51. Doctors 56
52. Medicine. Drugs. Accessories 57

HUMAN HABITAT 58
City 58

53. City. Life in the city 58
54. Urban institutions 59
55. Signs 61

56.	Urban transportation	62
57.	Sightseeing	63
58.	Shopping	63
59.	Money	64
60.	Post. Postal service	65

Dwelling. House. Home

67

61.	House. Electricity	67
62.	Villa. Mansion	67
63.	Apartment	68
64.	Furniture. Interior	68
65.	Bedding	69
66.	Kitchen	69
67.	Bathroom	70
68.	Household appliances	71

HUMAN ACTIVITIES
Job. Business. Part 1

73
73

69.	Office. Working in the office	73
70.	Business processes. Part 1	74
71.	Business processes. Part 2	75
72.	Production. Works	76
73.	Contract. Agreement	78
74.	Import & Export	78
75.	Finances	79
76.	Marketing	80
77.	Advertising	80
78.	Banking	81
79.	Telephone. Phone conversation	82
80.	Cell phone	83
81.	Stationery	83
82.	Kinds of business	84

Job. Business. Part 2

87

| 83. | Show. Exhibition | 87 |
| 84. | Science. Research. Scientists | 88 |

Professions and occupations

90

85.	Job search. Dismissal	90
86.	Business people	90
87.	Service professions	92
88.	Military professions and ranks	93
89.	Officials. Priests	93

90.	Agricultural professions	94
91.	Art professions	94
92.	Various professions	95
93.	Occupations. Social status	96

Education 98

94.	School	98
95.	College. University	99
96.	Sciences. Disciplines	100
97.	Writing system. Orthography	100
98.	Foreign languages	102

Rest. Entertainment. Travel 104

99.	Trip. Travel	104
100.	Hotel	105

TECHNICAL EQUIPMENT. TRANSPORTATION 106
Technical equipment 106

101.	Computer	106
102.	Internet. E-mail	107
103.	Electricity	108
104.	Tools	109

Transportation 112

105.	Airplane	112
106.	Train	113
107.	Ship	114
108.	Airport	116

Life events 117

109.	Holidays. Event	117
110.	Funerals. Burial	118
111.	War. Soldiers	119
112.	War. Military actions. Part 1	120
113.	War. Military actions. Part 2	121
114.	Weapons	123
115.	Ancient people	124
116.	Middle Ages	125
117.	Leader. Chief. Authorities	127
118.	Breaking the law. Criminals. Part 1	128
119.	Breaking the law. Criminals. Part 2	130

120.	Police. Law. Part 1	131
121.	Police. Law. Part 2	132

NATURE
The Earth. Part 1

122.	Outer space	134
123.	The Earth	135
124.	Cardinal directions	136
125.	Sea. Ocean	136
126.	Seas' and Oceans' names	138
127.	Mountains	138
128.	Mountains names	139
129.	Rivers	140
130.	Rivers' names	140
131.	Forest	141
132.	Natural resources	142

The Earth. Part 2

144

133.	Weather	144
134.	Severe weather. Natural disasters	145

Fauna

146

135.	Mammals. Predators	146
136.	Wild animals	146
137.	Domestic animals	148
138.	Birds	149
139.	Fish. Marine animals	150
140.	Amphibians. Reptiles	151
141.	Insects	151

Flora

153

142.	Trees	153
143.	Shrubs	154
144.	Fruits. Berries	154
145.	Flowers. Plants	155
146.	Cereals, grains	156

COUNTRIES. NATIONALITIES

157

147.	Western Europe	157
148.	Central and Eastern Europe	157
149.	Former USSR countries	158

NATURE 134
The Earth. Part 1 134

150.	Asia	158
151.	North America	159
152.	Central and South America	159
153.	Africa	160
154.	Australia. Oceania	160
155.	Cities	160

PRONUNCIATION GUIDE

Comments

Transcription used in this book - the Myanmar Language Commission Transcription System (MLCTS)
A description of this system can be found here:
https://en.wiktionary.org/wiki/Wiktionary:Burmese_transliteration
https://en.wikipedia.org/wiki/MLC_Transcription_System

ABBREVIATIONS
used in the vocabulary

English abbreviations

ab.	-	about
adj	-	adjective
adv	-	adverb
anim.	-	animate
as adj	-	attributive noun used as adjective
e.g.	-	for example
etc.	-	et cetera
fam.	-	familiar
fem.	-	feminine
form.	-	formal
inanim.	-	inanimate
masc.	-	masculine
math	-	mathematics
mil.	-	military
n	-	noun
pl	-	plural
pron.	-	pronoun
sb	-	somebody
sing.	-	singular
sth	-	something
v aux	-	auxiliary verb
vi	-	intransitive verb
vi, vt	-	intransitive, transitive verb
vt	-	transitive verb

BASIC CONCEPTS

Basic concepts. Part 1

1. Pronouns

I, me	ကျွန်ုပ်	kjunou'
you	သင်	thin
he	သူ	thu
she	သူမ	thu ma.
it	၎င်း	jin:
we	ကျွန်ုပ်တို့	kjunou' tou.
we (masc.)	ကျွန်တော်တို့	kjun do. dou.
we (fem.)	ကျွန်မတို့	kjun ma. tou.
you (to a group)	သင်တို့	thin dou.
you (polite, sing.)	သင်	thin
you (polite, pl)	သင်တို့	thin dou.
they (masc.)	သူတို့	thu dou.
they (fem.)	သူမတို့	thu ma. dou.

2. Greetings. Salutations. Farewells

Hello! (fam.)	မင်္ဂလာပါ	min ga. la ba
Hello! (form.)	မင်္ဂလာပါ	min ga. la ba
Good morning!	မင်္ဂလာနံနက်ခင်းပါ	min ga. la nan ne' gin: ba
Good afternoon!	မင်္ဂလာနေ့လယ်ခင်းပါ	min ga. la nei. le gin: ba
Good evening!	မင်္ဂလာညနေခင်းပါ	min ga. la nja nei gin: ba
to say hello	နှုတ်ဆက်သည်	hnou' hsei' te
Hi! (hello)	ဟိုင်း	hain:
greeting (n)	ဟယ်လို	ha. lou
to greet (vt)	နှုတ်ဆက်သည်	hnou' hsei' te
How are you?	နေကောင်းလား	nei gaun: la:
How are you? (form.)	နေကောင်းပါသလား	nei gaun: ba dha la:
How are you? (fam.)	အဆင်ပြေလား	ahsin bjei la:
What's new?	ဘာထူးသေးလဲ	ba du: dei: le:
Bye-Bye! Goodbye!	နောက်မှတွေ့ကြမယ်	nau' hma. dwei. gja. me
Goodbye!	ဂွတ်ဘိုင်	gu' bain
Bye!	တာ့တာ	ta. da

English	Burmese	Pronunciation
See you soon!	မကြာခင်ပြန် ဆုံကြမယ်	ma gja. gin bjan zoun gja. me
Farewell!	နှုတ်ဆက်ပါတယ်	hnou' hsei' pa de
to say goodbye	နှုတ်ဆက်သည်	hnou' hsei' te
So long!	တာ့တာ	ta. da
Thank you!	ကျေးဇူးတင်ပါတယ်	kjei: zu: din ba de
Thank you very much!	ကျေးဇူးအများ ကြီးတင်ပါတယ်	kjei: zu: amja: kji: din ba de
You're welcome	ရပါတယ်	ja. ba de
Don't mention it!	ကိစ္စမရှိပါဘူး	kei. sa ma. shi. ba bu:
It was nothing	ရပါတယ်	ja. ba de
Excuse me! (fam.)	ဆောရီးနော်	hso: ji: no:
Excuse me! (form.)	တောင်းပန်ပါတယ်	thaun: ban ba de
to excuse (forgive)	ခွင့်လွှတ်သည်	khwin. hlu' te
to apologize (vi)	တောင်းပန်သည်	thaun: ban de
My apologies	တောင်းပန်ပါတယ်	thaun: ban ba de
I'm sorry!	ခွင့်လွှတ်ပါ	khwin. hlu' pa
to forgive (vt)	ခွင့်လွှတ်သည်	khwin. hlu' te
It's okay! (that's all right)	ကိစ္စမရှိပါဘူး	kei. sa ma. shi. ba bu:
please (adv)	ကျေးဇူးပြု၍	kjei: zu: pju. i.
Don't forget!	မမေ့ပါနဲ့	ma. mei. ba ne.
Certainly!	ရတာပေါ့	ja. da bo.
Of course not!	မဟုတ်တာသေချာတယ်	ma hou' ta dhei gja de
Okay! (I agree)	သဘောတူတယ်	dhabo: tu de
That's enough!	တော်ပြီ	to bji

3. How to address

English	Burmese	Pronunciation
Excuse me, ...	ခွင့်ပြုပါ	khwin. bju. ba
mister, sir	ဦး	u:
ma'am	ဒေါ်	do
miss	မိန်းကလေး	mein: ga. lei:
young man	လူငယ်	lu nge
young man (little boy, kid)	ကောင်ကလေး	keaagke:
miss (little girl)	ကောင်မလေး	kaun ma. lei:

4. Cardinal numbers. Part 1

English	Burmese	Pronunciation
0 zero	သုည	thoun nja.
1 one	တစ်	ti'
2 two	နှစ်	hni'
3 three	သုံး	thoun:
4 four	လေး	lei:
5 five	ငါး	nga:

6 six	ခြောက်		chau'
7 seven	ခုနစ်		khun hni'
8 eight	ရှစ်		shi'
9 nine	ကိုး		kou:
10 ten	တစ်ဆယ်		ti' hse
11 eleven	တစ်ဆယ့်တစ်		ti' hse. ti'
12 twelve	တစ်ဆယ့်နှစ်		ti' hse. hni'
13 thirteen	တစ်ဆယ့်သုံး		ti' hse. thoun:
14 fourteen	တစ်ဆယ့်လေး		ti' hse. lei:
15 fifteen	တစ်ဆယ့်ငါး		ti' hse. nga:
16 sixteen	တစ်ဆယ့်ခြောက်		ti' hse. khau'
17 seventeen	တစ်ဆယ့်ခုနစ်		ti' hse. khu ni'
18 eighteen	တစ်ဆယ့်ရှစ်		ti' hse. shi'
19 nineteen	တစ်ဆယ့်ကိုး		ti' hse. gou:
20 twenty	နှစ်ဆယ်		hni' hse
21 twenty-one	နှစ်ဆယ့်တစ်		hni' hse. ti'
22 twenty-two	နှစ်ဆယ့်နှစ်		hni' hse. hni'
23 twenty-three	နှစ်ဆယ့်သုံး		hni' hse. thuan:
30 thirty	သုံးဆယ်		thoun: ze
31 thirty-one	သုံးဆယ့်တစ်		thoun: ze. di'
32 thirty-two	သုံးဆယ့်နှစ်		thoun: ze. hni'
33 thirty-three	သုံးဆယ့်သုံး		thoun: ze. dhoun:
40 forty	လေးဆယ်		lei: hse
41 forty-one	လေးဆယ့်တစ်		lei: hse. ti'
42 forty-two	လေးဆယ့်နှစ်		lei: hse. hni'
43 forty-three	လေးဆယ့်သုံး		lei: hse. thaun:
50 fifty	ငါးဆယ်		nga: ze
51 fifty-one	ငါးဆယ့်တစ်		nga: ze di'
52 fifty-two	ငါးဆယ့်နှစ်		nga: ze hni'
53 fifty-three	ငါးဆယ့်သုံး		nga: ze dhoun:
60 sixty	ခြောက်ဆယ်		chau' hse
61 sixty-one	ခြောက်ဆယ့်တစ်		chau' hse. di'
62 sixty-two	ခြောက်ဆယ့်နှစ်		chau' hse. hni'
63 sixty-three	ခြောက်ဆယ့်သုံး		chau' hse. dhoun:
70 seventy	ခုနစ်ဆယ်		khun hni' hse.
71 seventy-one	ခုနစ်ဆယ့်တစ်		qunxcy•tx
72 seventy-two	ခုနစ်ဆယ့်နှစ်		khun hni' hse. hni
73 seventy-three	ခုနစ်ဆယ့်သုံး		khu. ni' hse. dhoun:
80 eighty	ရှစ်ဆယ်		shi' hse
81 eighty-one	ရှစ်ဆယ့်တစ်		shi' hse. ti'
82 eighty-two	ရှစ်ဆယ့်နှစ်		shi' hse. hni'
83 eighty-three	ရှစ်ဆယ့်သုံး		shi' hse. dhun:
90 ninety	ကိုးဆယ်		kou: hse

91 ninety-one	ကိုးဆယ့်တစ်	kou: hse. ti'
92 ninety-two	ကိုးဆယ့်နှစ်	kou: hse. hni'
93 ninety-three	ကိုးဆယ့်သုံး	kou: hse. dhaun:

5. Cardinal numbers. Part 2

100 one hundred	တစ်ရာ	ti' ja
200 two hundred	နှစ်ရာ	hni' ja
300 three hundred	သုံးရာ	thoun: ja
400 four hundred	လေးရာ	lei: ja
500 five hundred	ငါးရာ	nga: ja
600 six hundred	ခြောက်ရာ	chau' ja
700 seven hundred	ခုနှစ်ရာ	khun hni' ja
800 eight hundred	ရှစ်ရာ	shi' ja
900 nine hundred	ကိုးရာ	kou: ja
1000 one thousand	တစ်ထောင်	ti' htaun
2000 two thousand	နှစ်ထောင်	hni' taun
3000 three thousand	သုံးထောင်	thoun: daun
10000 ten thousand	တစ်သောင်း	ti' thaun:
one hundred thousand	တစ်သိန်း	ti' thein:
million	တစ်သန်း	ti' than:
billion	ဘီလီယံ	bi li jan

6. Ordinal numbers

first (adj)	ပထမ	pahtama.
second (adj)	ဒုတိယ	du. di. ja.
third (adj)	တတိယ	tati. ja.
fourth (adj)	စတုတ္ထ	zadou' hta.
fifth (adj)	ပဉ္စမ	pjin sama.
sixth (adj)	ဆဋ္ဌမ	hsa. htama.
seventh (adj)	သတ္တမ	tha' tama.
eighth (adj)	အဋ္ဌမ	a' htama.
ninth (adj)	နဝမ	na. wa. ma.
tenth (adj)	ဒသမ	da dha ma

7. Numbers. Fractions

fraction	အပိုင်းကိန်း	apain: gein:
one half	နှစ်ပိုင်းတစ်ပိုင်း	hni' bain: di' bain:
one third	သုံးပိုင်းတစ်ပိုင်း	thoun: bain: di' bain:
one quarter	လေးပိုင်းတစ်ပိုင်း	lei: bain: ti' pain:
one eighth	ရှစ်ပိုင်းတစ်ပိုင်း	shi' bain: di' bain:

one tenth	ဆယ်ပိုင်းတစ်ပိုင်း	hse bain: da' bain:
two thirds	သုံးပိုင်းနှစ်ပိုင်း	thoun: bain: hni' bain:
three quarters	လေးပိုင်းသုံးပိုင်း	lei: bain: dhoun: bain:

8. Numbers. Basic operations

subtraction	နုတ်ခြင်း	nou' khjin:
to subtract (vi, vt)	နုတ်သည်	nou' te
division	စားခြင်း	sa: gjin:
to divide (vt)	စားသည်	sa: de
addition	ပေါင်းခြင်း	paun: gjin:
to add up (vt)	ပေါင်းသည်	paun: de
to add (vi, vt)	ထပ်ပေါင်းသည်	hta' paun: de
multiplication	မြှောက်ခြင်း	hmjau' chin:
to multiply (vt)	မြှောက်သည်	hmjau' de

9. Numbers. Miscellaneous

digit, figure	ကိန်းဂဏန်း	kein: ga nan:
number	ကိန်း	kein:
numeral	ဂဏန်းအက္ခရာ	ganan: e' kha ja
minus sign	အနုတ်	ahnou'
plus sign	အပေါင်း	apaun:
formula	ပုံသေနည်း	poun dhei ne:
calculation	တွက်ချက်ခြင်း	twe' che' chin:
to count (vi, vt)	ရေတွက်သည်	jei dwe' te
to count up	ရေတွက်သည်	jei dwe' te
to compare (vt)	နှိုင်းယှဉ်သည်	hnain: shin de
How much?	ဘယ်လောက်လဲ	be lau' le:
How many?	ဘယ်လောက်လဲ	be lau' le:
sum, total	ပေါင်းလဒ်	paun: la'
result	ရလဒ်	jala'
remainder	အကြွင်း	akjwin:
a few (e.g., ~ years ago)	အချို့	achou.
little (I had ~ time)	အနည်းငယ်	ane: nge
few (I have ~ friends)	အနည်းငယ်	ane: nge
a little (~ water)	အနည်းငယ်	ane: nge
the rest	ကျန်သော	kjan de.
one and a half	တစ်ခုခွဲ	ti' khu. khwe:
dozen	ဒါဇင်	da zin
in half (adv)	တစ်ဝက်စီ	ti' we' si
equally (evenly)	ညီတူညီမျှ	nji du nji hmja.

half	တစ်ဝက်	ti' we'
time (three ~s)	ကြိမ်	kjein

10. The most important verbs. Part 1

to advise (vt)	အကြံပေးသည်	akjan bei: de
to agree (say yes)	သဘောတူသည်	dhabo: tu de
to answer (vi, vt)	ဖြေသည်	hpjei de
to apologize (vi)	တောင်းပန်သည်	thaun: ban de
to arrive (vi)	ရောက်သည်	jau' te
to ask (~ oneself)	မေးသည်	mei: de
to ask (~ sb to do sth)	တောင်းဆိုသည်	taun: hsou: de
to be (~ a teacher)	ဖြစ်သည်	hpji' te
to be (~ on a diet)	ဖြစ်နေသည်	hpji' nei de
to be afraid	ကြောက်သည်	kjau' te
to be hungry	ဗိုက်ဆာသည်	bai' hsa de
to be interested in …	စိတ်ဝင်စားသည်	sei' win za: de
to be needed	အလိုရှိသည်	alou' shi. de
to be surprised	အံ့ဩသည်	an. o. de
to be thirsty	ရေဆာသည်	jei za de
to begin (vt)	စတင်သည်	sa. tin de
to belong to …	ပိုင်ဆိုင်သည်	pain zain de
to boast (vi)	ကြွားသည်	kjwa: de
to break (split into pieces)	ဖျက်ဆီးသည်	hpje' hsi: de
to call (~ for help)	ခေါ်သည်	kho de
can (v aux)	တတ်နိုင်သည်	ta' nain de
to catch (vt)	ဖမ်းသည်	hpan: de
to change (vt)	ပြောင်းလဲသည်	pjaun: le: de
to choose (select)	ရွေးသည်	jwei: de
to come down (the stairs)	ဆင်းသည်	hsin: de
to compare (vt)	နှိုင်းယှဉ်သည်	hnain: shin de
to complain (vi, vt)	တိုင်ပြောသည်	tain bjo: de
to confuse (mix up)	ရောဝွေးသည်	jo: dwei: de
to continue (vt)	ဆက်လုပ်သည်	hse' lou' te
to control (vt)	ထိန်းချုပ်သည်	htein: gjou' te
to cook (dinner)	ချက်ပြုတ်သည်	che' pjou' te
to cost (vt)	ကုန်ကျသည်	koun kja de
to count (add up)	ရေတွက်သည်	jei dwe' te
to count on …	အားကိုးသည်	a: kou: de
to create (vt)	ဖန်တီးသည်	hpan di: de
to cry (weep)	ငိုသည်	ngou de

11. The most important verbs. Part 2

to deceive (vi, vt)	လိမ်ပြောသည်	lain bjo: de
to decorate (tree, street)	အလှဆင်သည်	ahla. zin dhe
to defend (a country, etc.)	ကာကွယ်သည်	ka gwe de
to demand (request firmly)	တိုက်တွန်းသည်	tai' tun: de
to dig (vt)	တူးသည်	tu: de
to discuss (vt)	ဆွေးနွေးသည်	hswe: nwe: de
to do (vt)	ပြုလုပ်သည်	pju. lou' te
to doubt (have doubts)	သံသယဖြစ်သည်	than thaja. bji' te
to drop (let fall)	ဖြုတ်ချသည်	hpjou' cha. de
to enter (room, house, etc.)	ဝင်သည်	win de
to excuse (forgive)	ခွင့်လွှတ်သည်	khwin. hlu' te
to exist (vi)	တည်ရှိသည်	ti shi. de
to expect (foresee)	ကြိုမြင်သည်	kjou mjin de
to explain (vt)	ရှင်းပြသည်	shin: bja. de
to fall (vi)	ကျဆင်းသည်	kja zin: de
to find (vt)	ရှာတွေ့သည်	sha dwei. de
to finish (vt)	ပြီးသည်	pji: de
to fly (vi)	ပျံသန်းသည်	pjan dan: de
to follow ... (come after)	လိုက်သည်	lai' te
to forget (vi, vt)	မေ့သည်	mei. de
to forgive (vt)	ခွင့်လွှတ်သည်	khwin. hlu' te
to give (vt)	ပေးသည်	pei: de
to give a hint	အရိပ်အမြွက်ပေးသည်	aji' ajmwe' pei: de
to go (on foot)	သွားသည်	thwa: de
to go for a swim	ရေကူးသည်	jei ku: de
to go out (for dinner, etc.)	ထွက်သည်	htwe' te
to guess (the answer)	မှန်းဆသည်	hman za de
to have (vt)	ရှိသည်	shi. de
to have breakfast	နံနက်စာစားသည်	nan ne' za za: de
to have dinner	ညစာစားသည်	nja. za za: de
to have lunch	နေ့လယ်စာစားသည်	nei. le za za de
to hear (vt)	ကြားသည်	ka: de
to help (vt)	ကူညီသည်	ku nji de
to hide (vt)	ဖုံးကွယ်သည်	hpoun: gwe de
to hope (vi, vt)	မျှော်လင့်သည်	hmjo. lin. de
to hunt (vi, vt)	အမဲလိုက်သည်	ame: lai' de
to hurry (vi)	လောသည်	lo de

12. The most important verbs. Part 3

to inform (vt)	အကြောင်းကြားသည်	akjaun: kja: de
to insist (vi, vt)	တိုက်တွန်းပြောဆိုသည်	tou' tun: bjo: zou de
to insult (vt)	စော်ကားသည်	so ga: de
to invite (vt)	ဖိတ်သည်	hpi' de
to joke (vi)	စနောက်သည်	sanau' te
to keep (vt)	သိမ်းထားသည်	htein: da: de
to keep silent, to hush	နှုတ်ဆိတ်သည်	hnou' hsei' te
to kill (vt)	သတ်သည်	tha' te
to know (sb)	သိသည်	thi. de
to know (sth)	သိသည်	thi. de
to laugh (vi)	ရယ်သည်	je de
to liberate (city, etc.)	လွတ်မြောက်စေသည်	lu' mjau' sei de
to like (I like …)	ကြိုက်သည်	kjai' de
to look for … (search)	ရှာသည်	sha de
to love (sb)	ချစ်သည်	chi' te
to make a mistake	မှားသည်	hma: de
to manage, to run	ညွှန်ကြားသည်	hnjun gja: de
to mean (signify)	ဆိုလိုသည်	hsou lou de
to mention (talk about)	ဖော်ပြသည်	hpjo bja. de
to miss (school, etc.)	ပျက်ကွက်သည်	pje' kwe' te
to notice (see)	သတိထားမိသည်	dhadi. da: mi. de
to object (vi, vt)	ငြင်းသည်	njin: de
to observe (see)	စောင့်ကြည့်သည်	saun. gji. de
to open (vt)	ဖွင့်သည်	hpwin. de
to order (meal, etc.)	မှာသည်	hma de
to order (mil.)	အမိန့်ပေးသည်	amin. bei: de
to own (possess)	ပိုင်ဆိုင်သည်	pain zain de
to participate (vi)	ပါဝင်သည်	pa win de
to pay (vi, vt)	ပေးချေသည်	pei: gjei de
to permit (vt)	ခွင့်ပြုသည်	khwin bju. de
to plan (vt)	စီစဉ်သည်	si zin de
to play (children)	ကစားသည်	gaza: de
to pray (vi, vt)	ရှိခိုးသည်	shi. gou: de
to prefer (vt)	ပို၍ကြိုက်သည်	pou gjai' te
to promise (vt)	ကတိပေးသည်	gadi pei: de
to pronounce (vt)	အသံထွက်သည်	athan dwe' te
to propose (vt)	အဆိုပြုသည်	ahsou bju. de
to punish (vt)	အပြစ်ပေးသည်	apja' pei: de

13. The most important verbs. Part 4

to read (vi, vt)	ဖတ်သည်	hpa' te
to recommend (vt)	အကြံပြုထောက်ခံသည်	akjan pju htau' khan de

English	Burmese	Pronunciation
to refuse (vi, vt)	ခြင်းဆန်သည်	njin: zan de
to regret (be sorry)	နောင်တရသည်	naun da. ja. de
to rent (sth from sb)	ငှားသည်	hnga: de
to repeat (say again)	ထပ်လုပ်သည်	hta' lou' te
to reserve, to book	မှာသည်	hma de
to run (vi)	ပြေးသည်	pjei: de
to save (rescue)	ကယ်ဆယ်သည်	ke ze de
to say (~ thank you)	ပြောသည်	pjo: de
to scold (vt)	ဆူသည်	hsu. de
to see (vt)	မြင်သည်	mjin de
to sell (vt)	ရောင်းသည်	jaun: de
to send (vt)	ပို့သည်	pou. de
to shoot (vi)	ပစ်သည်	pi' te
to shout (vi)	အော်သည်	o de
to show (vt)	ပြသည်	pja. de
to sign (document)	လက်မှတ်ထိုးသည်	le' hma' htou: de
to sit down (vi)	ထိုင်သည်	htain de
to smile (vi)	ပြုံးသည်	pjoun: de
to speak (vi, vt)	ပြောသည်	pjo: de
to steal (money, etc.)	ခိုးသည်	khou: de
to stop (for pause, etc.)	ရပ်သည်	ja' te
to stop (please ~ calling me)	ရပ်သည်	ja' te
to study (vt)	သင်ယူလေ့လာသည်	thin ju lei. la de
to swim (vi)	ရေကူးသည်	jei ku: de
to take (vt)	ယူသည်	ju de
to think (vi, vt)	ထင်သည်	htin de
to threaten (vt)	ခြိမ်းခြောက်သည်	chein: gjau' te
to touch (with hands)	ကိုင်သည်	kain de
to translate (vt)	ဘာသာပြန်သည်	ba dha bjan de
to trust (vt)	ယုံကြည်သည်	joun kji de
to try (attempt)	စမ်းကြည့်သည်	san: kji. de
to turn (e.g., ~ left)	ကွေ့သည်	kwei. de
to underestimate (vt)	လျှော့တွက်သည်	sho. dwe' de
to understand (vt)	နားလည်သည်	na: le de
to unite (vt)	ပေါင်းစည်းသည်	paun ze: de
to wait (vt)	စောင့်သည်	saun. de
to want (wish, desire)	လိုချင်သည်	lou gjin de
to warn (vt)	သတိပေးသည်	dhadi. pei: de
to work (vi)	အလုပ်လုပ်သည်	alou' lou' te
to write (vt)	ရေးသည်	jei: de
to write down	ရေးထားသည်	jei: da: de

14. Colors

color	အရောင်	ajaun
shade (tint)	အသွေးအဆင်း	athwei: ahsin:
hue	အရောင်အသွေး	ajaun athwei:
rainbow	သက်တံ့	the' tan
white (adj)	အဖြူရောင်	ahpju jaun
black (adj)	အနက်ရောင်	ane' jaun
gray (adj)	မဲရောင်	khe: jaun
green (adj)	အစိမ်းရောင်	asain: jaun
yellow (adj)	အဝါရောင်	awa jaun
red (adj)	အနီရောင်	ani jaun
blue (adj)	အပြာရောင်	apja jaun
light blue (adj)	အပြာနုရောင်	apja nu. jaun
pink (adj)	ပန်းရောင်	pan: jaun
orange (adj)	လိမ္မော်ရောင်	limmo jaun
violet (adj)	ခရမ်းရောင်	khajan: jaun
brown (adj)	အညိုရောင်	anjou jaun
golden (adj)	ရွှေရောင်	shwei jaun
silvery (adj)	ငွေရောင်	ngwei jaun
beige (adj)	ဝါညိုနုရောင်	wa njou nu. jaun
cream (adj)	နို့ဆီရောင်	nou. hni' jaun
turquoise (adj)	စိမ်းပြာရောင်	sein: bja jaun
cherry red (adj)	ချယ်ရီရောင်	che ji jaun
lilac (adj)	ခရမ်းဖျော့ရောင်	khajan: bjo. jaun
crimson (adj)	ကြက်သွေးရောင်	kje' thwei: jaun
light (adj)	အရောင်ဖျော့သော	ajaun bjo. de.
dark (adj)	အရောင်ရင့်သော	ajaun jin. de.
bright, vivid (adj)	တောက်ပသော	tau' pa. de.
colored (pencils)	အရောင်ရှိသော	ajaun shi. de.
color (e.g., ~ film)	ရောင်စုံ	jau' soun
black-and-white (adj)	အဖြူအမည်း	ahpju ame:
plain (one-colored)	တစ်ရောင်တည်းရှိသော	ti' jaun te: shi. de.
multicolored (adj)	အရောင်စုံသော	ajaun zoun de.

15. Questions

Who?	ဘယ်သူလဲ	be dhu le:
What?	ဘာလဲ	ba le:
Where? (at, in)	ဘယ်မှာလဲ	be hma le:
Where (to)?	ဘယ်ကိုလဲ	be gou le:
From where?	ဘယ်ကလဲ	be ga. le:

When?	ဘယ်တော့လဲ	be do. le:
Why? (What for?)	ဘာအတွက်လဲ	ba atwe' le:
Why? (~ are you crying?)	ဘာကြောင့်လဲ	ba gjaun. le:

What for?	ဘာအတွက်လဲ	ba atwe' le:
How? (in what way)	ဘယ်လိုလဲ	be lau le:
What? (What kind of ...?)	ဘယ်လိုမျိုးလဲ	be lau mjou: le:
Which?	ဘယ်ဟာလဲ	be ha le:

To whom?	ဘယ်သူ့ကိုလဲ	be dhu. gou le:
About whom?	ဘယ်သူ့အကြောင်းလဲ	be dhu. kjaun: le:
About what?	ဘာအကြောင်းလဲ	ba akjain: le:
With whom?	ဘယ်သူနဲ့လဲ	be dhu ne. le:

| How many? How much? | ဘယ်လောက်လဲ | be lau' le: |
| Whose? | ဘယ်သူ့ | be dhu. |

16. Prepositions

with (accompanied by)	နဲ့အတူ	ne. atu
without	မပါဘဲ	ma. ba be:
to (indicating direction)	သို့	thou,
about (talking ~ ...)	အကြောင်း	akjaun:
before (in time)	မတိုင်မီ	ma. dain mi
in front of ...	ရှေ့မှာ	shei. hma

under (beneath, below)	အောက်မှာ	au' hma
above (over)	အပေါ်မှာ	apo hma
on (atop)	အပေါ်	apo
from (off, out of)	မှ	hma.
of (made from)	ဖြင့်	hpjin.

| in (e.g., ~ ten minutes) | နောက် | nau' |
| over (across the top of) | ဖြတ်လျက် | hpja' lje' |

17. Function words. Adverbs. Part 1

Where? (at, in)	ဘယ်မှာလဲ	be hma le:
here (adv)	ဒီမှာ	di hma
there (adv)	ဟိုမှာ	hou hma.

| somewhere (to be) | တစ်နေရာရာမှာ | ti' nei ja ja hma |
| nowhere (not in any place) | ဘယ်မှာမှ | be hma hma. |

by (near, beside)	နားမှာ	na: hma
by the window	ပြတင်းပေါက်နားမှာ	badin: pau' hna: hma
Where (to)?	ဘယ်ကိုလဲ	be gou le:
here (e.g., come ~!)	ဒီဘက်ကို	di be' kou

there (e.g., to go ~)	ဟိုဘက်ကို	hou be' kou
from here (adv)	ဒီဘက်မှ	di be' hma
from there (adv)	ဟိုဘက်မှ	hou be' hma.
close (adv)	နီးသည်	ni: de
far (adv)	အဝေးမှာ	awei: hma
near (e.g., ~ Paris)	နားမှာ	na: hma
nearby (adv)	ဘေးမှာ	bei: hma
not far (adv)	မနီးမဝေး	ma. ni ma. wei:
left (adj)	ဘယ်	be
on the left	ဘယ်ဘက်မှာ	be be' hma
to the left	ဘယ်ဘက်	be be'
right (adj)	ညာဘက်	nja be'
on the right	ညာဘက်မှာ	nja be' hma
to the right	ညာဘက်	nja be'
in front (adv)	ရှေ့မှာ	shei. hma
front (as adj)	ရှေ့	shei.
ahead (the kids ran ~)	ရှေ့	shei.
behind (adv)	နောက်မှာ	nau' hma
from behind	နောက်က	nau' ka.
back (towards the rear)	နောက်	nau'
middle	အလယ်	ale
in the middle	အလယ်မှာ	ale hma
at the side	ဘေးမှာ	bei: hma
everywhere (adv)	နေရာတိုင်းမှာ	nei ja dain: hma
around (in all directions)	ပတ်လည်မှာ	pa' le hma
from inside	အထဲမှ	a hte: hma.
somewhere (to go)	တစ်နေရာရာကို	ti' nei ja ja gou
straight (directly)	တိုက်ရိုက်	tai' jai'
back (e.g., come ~)	အပြန်	apjan
from anywhere	တစ်နေရာရာမှ	ti' nei ja ja hma.
from somewhere	တစ်နေရာရာမှ	ti' nei ja ja hma.
firstly (adv)	ပထမအနေဖြင့်	pahtama. anei gjin.
secondly (adv)	ဒုတိယအနေဖြင့်	du. di. ja. anei bjin.
thirdly (adv)	တတိယအနေဖြင့်	tati. ja. anei bjin.
suddenly (adv)	မတော်တဆ	ma. do da. za.
at first (in the beginning)	အစမှာ	asa. hma
for the first time	ပထမဆုံး	pahtama. zoun:
long before ...	မတိုင်ခင် အတော် လေး အလိုက	ma. dain gin ato lei: alou ga.
anew (over again)	အသစ်တဖန်	athi' da. ban

English	Burmese	Pronunciation
for good (adv)	အမြဲတမ်း	amje: dan:
never (adv)	ဘယ်တော့မှ	be do hma.
again (adv)	တဖန်	tahpan
now (at present)	အခုတော့	akhu dau.
often (adv)	ခဏခဏ	khana. khana.
then (adv)	ထိုသို့ဖြစ်လျှင်	htou dhou. bji' shin
urgently (quickly)	အမြန်	aman
usually (adv)	ပုံမှန်	poun hman
by the way, …	စကားမစပ်	zaga: ma. za'
possibly	ဖြစ်နိုင်သည်	hpjin nain de
probably (adv)	ဖြစ်နိုင်သည်	hpji' nein de
maybe (adv)	ဖြစ်နိုင်သည်	hpji' nein de
besides …	ဒါ့အပြင်	da. apjin
that's why …	ဒါကြောင့်	da gjaun.
in spite of …	သော်လည်း	tho lei:
thanks to …	ကြောင့်	kjaun.
what (pron.)	ဘာ	ba
that (conj.)	ဟု	hu
something	တစ်ခုခု	ti' khu. gu.
anything (something)	တစ်ခုခု	ti' khu. gu.
nothing	ဘာမှ	ba hma.
who (pron.)	ဘယ်သူ	be dhu.
someone	တစ်ယောက်ယောက်	ti' jau' jau'
somebody	တစ်ယောက်ယောက်	ti' jau' jau'
nobody	ဘယ်သူမှ	be dhu hma.
nowhere (a voyage to ~)	ဘယ်ကိုမှ	be gou hma.
nobody's	ဘယ်သူမှမပိုင်သော	be dhu hma ma. bain de.
somebody's	တစ်ယောက်ယောက်ရဲ့	ti' jau' jau' je.
so (I'm ~ glad)	ဒီလို	di lou
also (as well)	ထို့ပြင်လည်း	htou. bjin le:
too (as well)	လည်းပဲ	le: be:

18. Function words. Adverbs. Part 2

English	Burmese	Pronunciation
Why?	ဘာကြောင့်လဲ	ba gjaun. le:
for some reason	တစ်ခုခုကြောင့်	ti' khu. gu. gjaun.
because …	အဘယ်ကြောင့်ဆိုသော်	abe gjo:n. zou dho
for some purpose	တစ်ခုခုအတွက်	ti' khu. gu. atwe'
and	နှင့်	hnin.
or	သို့မဟုတ်	thou. ma. hou'
but	ဒါပေမဲ့	da bei me.
for (e.g., ~ me)	အတွက်	atwe'
too (~ many people)	အလွန်	alun
only (exclusively)	သာ	tha

exactly (adv)	အတိအကျ	ati. akja.
about (more or less)	ခန့်	khan.
approximately (adv)	ခန့်မှန်းခြေအားဖြင့်	khan hman: gjei a: bjin.
approximate (adj)	ခန့်မှန်းခြေဖြစ်သော	khan hman: gjei bji' te.
almost (adv)	နီးပါး	ni: ba:
the rest	ကျန်သော	kjan de.
the other (second)	တခြားသော	tacha: de.
other (different)	အခြားသော	apja: de.
each (adj)	တိုင်း	tain:
any (no matter which)	မဆို	ma. zou
many (adj)	အမြောက်အများ	amjau' amja:
much (adv)	အများကြီး	amja: gji:
many, much (a lot of)	အမြောက်အများ	amjau' amja:
many people	များစွာသော	mja: zwa de.
all (everyone)	အားလုံး	a: loun:
in return for ...	အစား	asa:
in exchange (adv)	အစား	asa:
by hand (made)	လက်ဖြင့်	le' hpjin.
hardly (negative opinion)	ဖြစ်နိုင်ခြေ နည်းသည်	hpji' nain gjei ni: de
probably (adv)	ဖြစ်နိုင်သည်	hpji' nein de
on purpose (intentionally)	တမင်	tamin
by accident (adv)	အမှတ်တမဲ့	ahma' ta. me.
very (adv)	သိပ်	thei'
for example (adv)	ဥပမာအားဖြင့်	upama a: bjin.
between	ကြား	kja:
among	ကြားထဲတွင်	ka: de: dwin:
so much (such a lot)	ဒီလောက်	di lau'
especially (adv)	အထူးသဖြင့်	a htu: dha. hjin.

Basic concepts. Part 2

19. Weekdays

Monday	တနင်္လာ	tanin: la
Tuesday	အင်္ဂါ	in ga
Wednesday	ဗုဒ္ဓဟူး	bou' da. hu:
Thursday	ကြာသပတေး	kja dha ba. dei:
Friday	သောကြာ	thau' kja
Saturday	စနေ	sanei
Sunday	တနင်္ဂနွေ	tanin: ganwei
today (adv)	ယနေ့	ja. nei.
tomorrow (adv)	မနက်ဖြန်	mane' bjan
the day after tomorrow	သဘက်ခါ	dhabe' kha
yesterday (adv)	မနေ့က	ma. nei. ka.
the day before yesterday	တနေ့က	ta. nei. ga.
day	နေ့	nei.
working day	ရုံးဖွင့်ရက်	joun: hpwin je'
public holiday	ပွဲတော်ရက်	pwe: do je'
day off	ရုံးပိတ်ရက်	joun: bei' je'
weekend	ရုံးပိတ်ရက်များ	joun: hpwin je' mja:
all day long	တနေ့လုံး	ta. nei. loun:
the next day (adv)	နောက်နေ့	nau' nei.
two days ago	လွန်ခဲ့သော နှစ်ရက်က	lun ge: de. hni' ja' ka.
the day before	အကြိုနေ့မှာ	akjou nei. hma
daily (adj)	နေ့စဉ်	nei. zin
every day (adv)	နေ့တိုင်း	nei dain:
week	ရက်သတ္တပတ်	je' tha' daba'
last week (adv)	ပြီးခဲ့တဲ့အပတ်က	pji: ge. de. apa' ka.
next week (adv)	လာမယ့်အပတ်မှာ	la. me. apa' hma
weekly (adj)	အပတ်စဉ်	apa' sin
every week (adv)	အပတ်စဉ်	apa' sin
twice a week	တစ်ပတ် နှစ်ကြိမ်	ti' pa' hni' kjein
every Tuesday	အင်္ဂါနေ့တိုင်း	in ga nei. dain:

20. Hours. Day and night

morning	နံနက်ခင်း	nan ne' gin:
in the morning	နံနက်ခင်းမှာ	nan ne' gin: hma
noon, midday	မွန်းတည့်	mun: de.

in the afternoon	နေ့လယ်စာစားပြီးနောက်	nei. le za za: gjein bji: nau'
evening	ညနေခင်း	nja. nei gin:
in the evening	ညနေခင်းမှာ	nja. nei gin: hma
night	ည	nja
at night	ညမှာ	nja hma
midnight	သန်းခေါင်ယံ	than: gaun jan
second	စက္ကန့်	se' kan.
minute	မိနစ်	mi. ni'
hour	နာရီ	na ji
half an hour	နာရီဝက်	na ji we'
a quarter-hour	ဆယ့်ငါးမိနစ်	hse. nga: mi. ni'
fifteen minutes	၁၅ မိနစ်	ta' hse. nga: mi ni'
24 hours	နှစ်ဆယ်လေးနာရီ	hni' hse lei: na ji
sunrise	နေထွက်ချိန်	nei dwe' gjein
dawn	အာရုဏ်ဦး	a joun u:
early morning	နံနက်စောစော	nan ne' so: zo:
sunset	နေဝင်ချိန်	nei win gjein
early in the morning	နံနက်အစောပိုင်း	nan ne' aso: bain:
this morning	ယနေ့နံနက်	ja. nei. nan ne'
tomorrow morning	မနက်ဖြန်နံနက်	mane' bjan nan ne'
this afternoon	ယနေ့နေ့လယ်	ja. nei. nei. le
in the afternoon	နေ့လယ်စာစားပြီးနောက်	nei. le za za: gjein bji: nau'
tomorrow afternoon	မနက်ဖြန်မွန်းလွဲပိုင်း	mane' bjan mun: lwe: bain:
tonight (this evening)	ယနေ့ညနေ	ja. nei. nja. nei
tomorrow night	မနက်ဖြန်ညနေ	mane' bjan nja. nei
at 3 o'clock sharp	၃ နာရီတွင်	thoun: na ji dwin
about 4 o'clock	၄ နာရီခန့်တွင်	lei: na ji khan dwin
by 12 o'clock	၁၂ နာရီအရောက်	hse. hni' na ji ajau'
in 20 minutes	နောက် မိနစ် ၂၀ မှာ	nau' mi. ni' hni' se hma
in an hour	နောက်တစ်နာရီမှာ	nau' ti' na ji hma
on time (adv)	အချိန်ကိုက်	achein kai'
a quarter to …	မတ်တင်း	ma' tin:
within an hour	တစ်နာရီအတွင်း	ti' na ji atwin:
every 15 minutes	၁၅ မိနစ်တိုင်း	ta' hse. nga: mi ni' htain:
round the clock	၂၄ နာရီလုံး	hna' hse. lei: na ji

21. Months. Seasons

January	ဇန်နဝါရီလ	zan na. wa ji la.
February	ဖေဖော်ဝါရီလ	hpei bo wa ji la
March	မတ်လ	ma' la.
April	ဧပြီလ	ei bji la.

May	မေလ	mei la.
June	ဇွန်လ	zun la.
July	ဇူလိုင်လ	zu lain la.
August	သြဂုတ်လ	o: gou' la.
September	စက်တင်ဘာလ	sa' htin ba la.
October	အောက်တိုဘာလ	au' tou ba la
November	နိုဝင်ဘာလ	nou win ba la.
December	ဒီဇင်ဘာလ	di zin ba la.

spring	နွေဦးရာသီ	nwei: u: ja dhi
in spring	နွေဦးရာသီမှာ	nwei: u: ja dhi hma
spring (as adj)	နွေဦးရာသီနှင့်ဆိုင်သော	nwei: u: ja dhi hnin. zain de.

summer	နွေရာသီ	nwei: ja dhi
in summer	နွေရာသီမှာ	nwei: ja dhi hma
summer (as adj)	နွေရာသီနှင့်ဆိုင်သော	nwei: ja dhi hnin. zain de.

fall	ဆောင်းဦးရာသီ	hsaun: u: ja dhi
in fall	ဆောင်းဦးရာသီမှာ	hsaun: u: ja dhi hma
fall (as adj)	ဆောင်းဦးရာသီနှင့်ဆိုင်သော	hsaun: u: ja dhi hnin. zain de.

winter	ဆောင်းရာသီ	hsaun: ja dhi
in winter	ဆောင်းရာသီမှာ	hsaun: ja dhi hma
winter (as adj)	ဆောင်းရာသီနှင့်ဆိုင်သော	hsaun: ja dhi hnin. zain de.

month	လ	la.
this month	ဒီလ	di la.
next month	နောက်လ	nau' la
last month	ယခင်လ	jakhin la.

a month ago	ပြီးခဲ့တဲ့တစ်လကျော်	pji: ge. de. di' la. gjo
in a month (a month later)	နောက်တစ်လကျော်	nau' ti' la. gjo
in 2 months (2 months later)	နောက်နှစ်လကျော်	nau' hni' la. gjo
the whole month	တစ်လလုံး	ti' la. loun:
all month long	တစ်လလုံး	ti' la. loun:

monthly (~ magazine)	လစဉ်	la. zin
monthly (adv)	လစဉ်	la. zin
every month	လတိုင်း	la. dain:
twice a month	တစ်လနှစ်ကြိမ်	ti' la. hni' kjein:

year	နှစ်	hni'
this year	ဒီနှစ်မှာ	di hna' hma
next year	နောက်နှစ်မှာ	nau' hni' hnma
last year	ယခင်နှစ်မှာ	jakhin hni' hma

a year ago	ပြီးခဲ့တဲ့တစ်နှစ်ကျော်က	pji: ge. de. di' hni' kjo ga.
in a year	နောက်တစ်နှစ်ကျော်	nau' ti' hni' gjo

English	Burmese	Pronunciation
in two years	နောက်နှစ်နှစ်ကျော်	nau' hni' hni' gjo
the whole year	တစ်နှစ်လုံး	ti' hni' loun:
all year long	တစ်နှစ်လုံး	ti' hni' loun:
every year	နှစ်တိုင်း	hni' tain:
annual (adj)	နှစ်စဉ်ဖြစ်သော	hni' san bji' te.
annually (adv)	နှစ်စဉ်	hni' san
4 times a year	တစ်နှစ်လေးကြိမ်	ti' hni' lei: gjein
date (e.g., today's ~)	နေ့စွဲ	nei. zwe:
date (e.g., ~ of birth)	ရက်စွဲ	je' swe:
calendar	ပြက္ခဒိန်	pje' gadein
half a year	နှစ်ဝက်	hni' we'
six months	နှစ်ဝက်	hni' we'
season (summer, etc.)	ရာသီ	ja dhi
century	ရာစု	jazu.

22. Units of measurement

English	Burmese	Pronunciation
weight	အလေးချိန်	alei: gjein
length	အရှည်	ashei
width	အကျယ်	akje
height	အမြင့်	amjin.
depth	အနက်	ane'
volume	ထုထည်	du. de
area	အကျယ်အဝန်း	akje awun:
gram	ဂရမ်	ga ran
milligram	မီလီဂရမ်	mi li ga. jan
kilogram	ကီလိုဂရမ်	ki lou ga jan
ton	တန်	tan
pound	ပေါင်	paun
ounce	အောင်စ	aun sa.
meter	မီတာ	mi ta
millimeter	မီလီမီတာ	mi li mi ta
centimeter	စင်တီမီတာ	sin ti mi ta
kilometer	ကီလိုမီတာ	ki lou mi ta
mile	မိုင်	main
inch	လက်မ	le' ma
foot	ပေ	pei
yard	ကိုက်	kou'
square meter	စတုရန်းမီတာ	satu. jan: mi ta
hectare	ဟက်တာ	he' ta
liter	လီတာ	li ta
degree	ဒီဂရီ	di ga ji

volt	ဗို့	boi.
ampere	အမ်ပီယာ	an bi ja
horsepower	မြင်းကောင်ရေအား	mjin: gaun jei a:

quantity	အရေအတွက်	ajei adwe'
a little bit of …	နည်းနည်း	ne: ne:
half	တစ်ဝက်	ti' we'
dozen	ဒါဇင်	da zin
piece (item)	ခု	khu.

size	အတိုင်းအတာ	atain: ata
scale (map ~)	စကေး	sakei:

minimal (adj)	အနည်းဆုံး	ane: zoun
the smallest (adj)	အသေးဆုံး	athei: zoun:
medium (adj)	အလယ်အလတ်	ale ala'
maximal (adj)	အများဆုံး	amja: zoun:
the largest (adj)	အကြီးဆုံး	akji: zoun:

23. Containers

canning jar (glass ~)	ဖန်ဘူး	hpan bu:
can	သံဘူး	than bu:
bucket	ရေပုံး	jei boun:
barrel	စည်ပိုင်း	si bain:

wash basin (e.g., plastic ~)	ဇလုံ	za loun
tank (100L water ~)	သံစည်	than zi
hip flask	အရက်ပုလင်းပြား	aje' pu lin: pja:
jerrycan	ဓာတ်ဆီပုံး	da' hsi boun:
tank (e.g., tank car)	တိုင်ကီ	tain ki

mug	မတ်ခွက်	ma' khwe'
cup (of coffee, etc.)	ခွက်	khwe'
saucer	အောက်ခံပန်းကန်ပြား	au' khan ban: kan pja:
glass (tumbler)	ဖန်ခွက်	hpan gwe'
wine glass	ဝိုင်ခွက်	wain gwe'
stock pot (soup pot)	ပေါင်းအိုး	paun: ou:

bottle (~ of wine)	ပုလင်း	palin:
neck (of the bottle, etc.)	ပုလင်းလည်ပင်း	palin: le bin:

carafe (decanter)	ဖန်ချိုင့်	hpan gjain.
pitcher	ကရား	kaja:
vessel (container)	အိုးခွက်	ou: khwe'
pot (crock, stoneware ~)	မြေအိုး	mjei ou:
vase	ပန်းအိုး	pan: ou:

flacon, bottle (perfume ~)	ပုလင်း	palin:
vial, small bottle	ပုလင်းကလေး	palin: galei:

tube (of toothpaste)	ဘူး	bu:
sack (bag)	ဂုန်နီအိတ်	goun ni ei'
bag (paper ~, plastic ~)	အိတ်	ei'
pack (of cigarettes, etc.)	ဘူး	bu:
box (e.g., shoebox)	စက္ကူဘူး	se' ku bu:
crate	သေတ္တာ	thi' ta
basket	တောင်း	taun:

HUMAN BEING

Human being. The body

24. Head

head	ခေါင်း	gaun:
face	မျက်နှာ	mje' hna
nose	နှာခေါင်း	hna gaun:
mouth	ပါးစပ်	pa: zi'
eye	မျက်စိ	mje' si.
eyes	မျက်စိများ	mje' si. mja:
pupil	သူငယ်အိမ်	thu nge ein
eyebrow	မျက်ခုံး	mje' khoun:
eyelash	မျက်တောင်	mje' taun
eyelid	မျက်ခွံ	mje' khwan
tongue	လျှာ	sha
tooth	သွား	thwa:
lips	နှုတ်ခမ်း	hna' khan:
cheekbones	ပါးရိုး	pa: jou:
gum	သွားဖုံး	thwahpoun:
palate	အာခေါင်	a gaun
nostrils	နှာခေါင်းပေါက်	hna gaun: bau'
chin	မေးစေ့	mei: zei.
jaw	မေးရိုး	mei: jou:
cheek	ပါး	pa:
forehead	နဖူး	na. hpu:
temple	နားထင်	na: din
ear	နားရွက်	na: jwe'
back of the head	နောက်စေ့	nau' sei.
neck	လည်ပင်း	le bin
throat	လည်ချောင်း	le gjaun:
hair	ဆံပင်	zabin
hairstyle	ဆံပင်ပုံစံ	zabin boun zan
haircut	ဆံပင်ညှပ်သည့်ပုံစံ	zabin hnja' thi. boun zan
wig	ဆံပင်တု	zabin du.
mustache	နှုတ်ခမ်းမွေး	hnou' khan: hmwei:
beard	မုတ်ဆိတ်မွေး	mou' hsei' hmwei:
to have (a beard, etc.)	အရှည်ထားသည်	ashei hta: de

braid	ကျစ်ဆံမြီး	kji' zan mji:
sideburns	ပါးသိုင်းမွှေး	pa: dhain: hmwei:
red-haired (adj)	ဆံပင်အနီရောင်ရှိသော	zabin ani jaun shi. de
gray (hair)	အရောင်ဖျော့သော	ajaun bjo. de.
bald (adj)	ထိပ်ပြောင်သော	htei' pjaun de.
bald patch	ဆံပင်ကျွတ်နေသောနေရာ	zabin kju' nei dho nei ja
ponytail	မြင်းမြီးပုံစံဆံပင်	mjin: mji: boun zan zan bin
bangs	ဆံရစ်	hsaji'

25. Human body

hand	လက်	le'
arm	လက်မောင်း	le' maun:
finger	လက်ချောင်း	le' chaun:
toe	ခြေချောင်း	chei gjaun:
thumb	လက်မ	le' ma
little finger	လက်သန်း	le' than:
nail	လက်သည်းခွံ	le' the: dou' tan zin:
fist	လက်သီး	le' thi:
palm	လက်ဝါး	le' wa:
wrist	လက်ကောက်ဝတ်	le' kau' wa'
forearm	လက်ဖျံ	le' hpjan
elbow	တံတောင်ဆစ်	daduan zi'
shoulder	ပခုံး	pakhoun:
leg	ခြေထောက်	chei htau'
foot	ခြေထောက်	chei htau'
knee	ဒူး	du:
calf (part of leg)	ခြေသလုံးကြွက်သား	chei dha. loun: gjwe' dha:
hip	တင်ပါး	tin ba:
heel	ခြေဖနောင့်	chei ba. naun.
body	ခန္ဓာကိုယ်	khan da kou
stomach	ဗိုက်	bai'
chest	ရင်ဘတ်	jin ba'
breast	နို့	nou.
flank	နံပါး	nan ba:
back	ကျော	kjo:
lower back	ခါးအောက်ပိုင်း	kha: au' pain:
waist	ခါး	kha:
navel (belly button)	ချက်	che'
buttocks	တင်ပါး	tin ba:
bottom	နောက်ပိုင်း	nau' pain:
beauty mark	မှဲ့	hme.
birthmark (café au lait spot)	မွေးရာပါအမှတ်	mwei: ja ba ahma'

tattoo	တက်တူး	te' tu:
scar	အမာရွတ်	ama ju'

Clothing & Accessories

26. Outerwear. Coats

clothes	အဝတ်အစား	awu' aza:
outerwear	အပေါ်ဝတ်အင်္ကျီ	apo we' in: gji
winter clothing	ဆောင်းတွင်းဝတ်အဝတ်အစား	hsaun: dwin: wu' awu' asa:
coat (overcoat)	ကုတ်အင်္ကျီရှည်	kou' akji shi
fur coat	သားမွေးအနွေးထည်	tha: mwei: anwei: de
fur jacket	အမွေးပွအပေါ်အင်္ကျီ	ahmwei pwa po akji.
down coat	ငှက်မွေးကုတ်အင်္ကျီ	hnge' hmwei: kou' akji.
jacket (e.g., leather ~)	အပေါ်အင်္ကျီ	apo akji.
raincoat (trenchcoat, etc.)	မိုးကာအင်္ကျီ	mou: ga akji
waterproof (adj)	ရေလုံသော	jei loun de.

27. Men's & women's clothing

shirt (button shirt)	ရှပ်အင်္ကျီ	sha' in gji
pants	ဘောင်းဘီ	baun: bi
jeans	ဂျင်းဘောင်းဘီ	gjin: bain: bi
suit jacket	အပေါ်အင်္ကျီ	apo akji.
suit	အနောက်တိုင်းဝတ်စုံ	anau' tain: wu' saun
dress (frock)	ဂါဝန်	ga wun
skirt	စကတ်	saka'
blouse	ဘလောက်စ်အင်္ကျီ	ba. lau' s in: gji
knitted jacket (cardigan, etc.)	ကြယ်သီးပါသော အနွေးထည်	kje dhi: ba de. anwei: dhe
jacket (of woman's suit)	အပေါ်ဖုံးအင်္ကျီ	apo hpoun akji.
T-shirt	တီရှပ်	ti shi'
shorts (short trousers)	ဘောင်းဘီတို	baun: bi dou
tracksuit	အားကစားဝတ်စုံ	a: gaza: wu' soun
bathrobe	ရေချိုးခန်းဝတ်စုံ	jei gjou: gan: wu' soun
pajamas	ညအိပ်ဝတ်စုံ	nja a' wu' soun
sweater	ဆွယ်တာ	hswe da
pullover	ဆွယ်တာ	hswe da
vest	ဝစ်ကုတ်	wi' kou'
tailcoat	တေးလ်ကုတ်အင်္ကျီ	tei: l kou' in: gji
tuxedo	ညစာစားပွဲဝတ်စုံ	nja. za za: bwe: wu' soun

uniform	တူညီဝတ်စုံ	tu nji wa' soun
workwear	အလုပ်ဝင် ဝတ်စုံ	alou' win wu' zoun
overalls	စက်ရှိဝတ်စုံ	se' joun wu' soun
coat (e.g., doctor's smock)	ဂျူတီကုတ်	gju di gou'

28. Clothing. Underwear

underwear	အတွင်းခံ	atwin: gan
boxers, briefs	ယောကျ်ားဝတ်အတွင်းခံ	jau' kja: wu' atwin: gan
panties	မိန်းကလေးဝတ်အတွင်းခံ	mein: galei: wa' atwin: gan
undershirt (A-shirt)	စွပ်ကျယ်	su' kje
socks	ခြေအိတ်များ	chei ei' mja:
nightdress	ညအိပ်ဂါဝန်ရှည်	nja a' ga wun she
bra	ဘရာစီယာ	ba ra si ja
knee highs (knee-high socks)	ခြေအိတ်ရှည်	chei ei' shi
pantyhose	အသားကပ်-ဘောင်းဘီရှည်	atha: ka' baun: bi shei
stockings (thigh highs)	စတော့ကင်	sato. kin
bathing suit	ရေကူးဝတ်စုံ	jei ku: wa' zoun

29. Headwear

hat	ဦးထုပ်	u: htou'
fedora	ဦးထုပ်ပျော့	u: htou' pjo.
baseball cap	ရှာထိုးဦးထုပ်	sha dou: u: dou'
flatcap	လူကြီးဆောင်းဦးထုပ်ပြား	lu gji: zaun: u: dou' pja:
beret	ဘယ်ရီဦးထုပ်	be ji u: htu'
hood	အကျီတွင်ပါသော ခေါင်းစွပ်	akji. twin pa dho: gaun: zu'
panama hat	ဦးထုပ်အဝိုင်း	u: htou' awain:
knit cap (knitted hat)	သိုးမွေးခေါင်းစွပ်	thou: mwei: gaun: zu'
headscarf	ခေါင်းစည်းပုဝါ	gaun: zi: bu. wa
women's hat	အမျိုးသမီးဆောင်းဦးထုပ်	amjou: dhami: zaun: u: htou'
hard hat	ဦးထုပ်အမာ	u: htou' ama
garrison cap	တပ်မတော်သုံးဦးထုပ်	ta' mado dhoun: u: dou'
helmet	အမာစားဦးထုပ်	ama za: u: htou'
derby	ဦးထုပ်လုံး	u: htou' loun:
top hat	ဦးထုပ်မြင့်	u: htou' mjin.

30. Footwear

footwear	ဖိနပ်	hpana'
shoes (men's shoes)	ရှူးဖိနပ်	shu: hpi. na'

shoes (women's shoes)	မိန်းကလေးစီးရှူးဖိနပ်	mein: galei: zi: shu: bi. na'
boots (e.g., cowboy ~)	လည်ရှည်ဖိနပ်	le she bi. na'
slippers	အိမ်တွင်းစီးကွင်းထိုးဖိနပ်	ein dwin:
tennis shoes (e.g., Nike ~)	အားကစားဖိနပ်	a: gaza: bana'
sneakers (e.g., Converse ~)	ပတ္တူဖိနပ်	pa' tu bi. na'
sandals	ကြိုးသိုင်းဖိနပ်	kjou: dhain: bi. na'
cobbler (shoe repairer)	ဖိနပ်ချုပ်သမား	hpana' chou' tha ma:
heel	ဒေါက်	dau'
pair (of shoes)	အစုံ	asoun.
shoestring	ဖိနပ်ကြိုး	hpana' kjou:
to lace (vt)	ဖိနပ်ကြိုးချည်သည်	hpana' kjou: gjin de
shoehorn	ဖိနပ်စီးရာသွင်သုံးသည့် ဖိနပ်ကော်	hpana' si: ja dhwin dhoun: dhin. hpana' ko
shoe polish	ဖိနပ်တိုက်ဆေး	hpana' tou' hsei:

31. Personal accessories

gloves	လက်အိတ်	lei' ei'
mittens	နှစ်ကန့်လက်အိတ်	hni' kan. le' ei'
scarf (muffler)	မာဖလာ	ma ba. la
glasses (eyeglasses)	မျက်မှန်	mje' hman
frame (eyeglass ~)	မျက်မှန်ကိုင်း	mje' hman gain:
umbrella	ထီး	hti:
walking stick	တုတ်ကောက်	tou' kau'
hairbrush	ခေါင်းဘီး	gaun: bi:
fan	ပန်ကာ	pan gan
tie (necktie)	လည်စည်း	le zi:
bow tie	ဖဲပြားပုံလည်စည်း	hpe: bja: boun le zi:
suspenders	ဘောင်းဘီသိုင်းကြိုး	baun: bi dhain: gjou:
handkerchief	လက်ကိုင်ပုဝါ	le' kain bu. wa
comb	ဘီး	bi:
barrette	ဆံညှပ်	hsan hnja'
hairpin	ကလစ်	kali'
buckle	ခါးပတ်ခေါင်း	kha: ba' khaun:
belt	ခါးပတ်	kha: ba'
shoulder strap	ပုခုံးသိုင်းကြိုး	pu. goun: dhain: gjou:
bag (handbag)	လက်ကိုင်အိတ်	le' kain ei'
purse	မိန်းကလေးပုံး လွယ်အိတ်	mein: galei: bou goun: lwe ei'
backpack	ကျောပိုးအိတ်	kjo: bou: ei'

32. Clothing. Miscellaneous

fashion	ဖက်ရှင်	hpe' shin
in vogue (adj)	ခေတ်မီသော	khi' mi de.
fashion designer	ဖက်ရှင်ဒီဇိုင်နာ	hpe' shin di zain na
collar	အကျီကော်လာ	akji. ko la
pocket	အိတ်ကပ်	ei' ka'
pocket (as adj)	အိတ်ဆောင်	ei' hsaun
sleeve	အကျီလက်	akji. le'
hanging loop	အကျီချိတ်ကွင်း	akji. gjei' kwin:
fly (on trousers)	ဘောင်းဘီလျှာဆက်	baun: bi ja ze'
zipper (fastener)	ဇစ်	zi'
fastener	ချိတ်စရာ	che' zaja
button	ကြယ်သီး	kje dhi:
buttonhole	ကြယ်သီးပေါက်	kje dhi: bau'
to come off (ab. button)	ပြုတ်ထွက်သည်	pjou' htwe' te
to sew (vi, vt)	စက်ချုပ်သည်	se' khjou' te
to embroider (vi, vt)	ပန်းထိုးသည်	pan: dou: de
embroidery	ပန်းထိုးခြင်း	pan: dou: gjin:
sewing needle	အပ်	a'
thread	အပ်ချည်	a' chi
seam	ချုပ်ရိုး	chou' jou:
to get dirty (vi)	ညစ်ပေသွားသည်	nji' pei dhwa: de
stain (mark, spot)	အစွန်းအထင်း	aswan: ahtin:
to crease, crumple (vi)	တွန့်ကြေစေသည်	tun. gjei zei de
to tear, to rip (vt)	ပေါက်ပြဲသွားသည်	pau' pje: dhwa: de
clothes moth	အဝတ်ပိုးဖလံ	awu' pou: hpa. lan

33. Personal care. Cosmetics

toothpaste	သွားတိုက်ဆေး	thwa: tai' hsei:
toothbrush	သွားတိုက်တံ	thwa: tai' tan
to brush one's teeth	သွားတိုက်သည်	thwa: tai' te
razor	သင်တုန်းဓား	thin toun: da:
shaving cream	မုတ်ဆိတ်ရိတ် ဆပ်ပြာ	mou' zei' jei' hsa' pja
to shave (vi)	ရိတ်သည်	jei' te
soap	ဆပ်ပြာ	hsa' pja
shampoo	ခေါင်းလျှော်ရည်	gaun: sho je
scissors	ကတ်ကြေး	ka' kjei:
nail file	လက်သည်းတိုက်တံစဉ်း	le' the:
nail clippers	လက်သည်းညှပ်	le' the: hnja'
tweezers	ဇာဂနာ	za ga. na

cosmetics	အလှကုန်ပစ္စည်း	ahla. koun pji' si:
face mask	မျက်နှာပေါင်းတင်ခြင်း	mje' hna baun: din gjin:
manicure	လက်သည်းအလှပြင်ခြင်း	le' the: ahla bjin gjin
to have a manicure	လက်သည်းအလှပြင်သည်	le' the: ahla bjin de
pedicure	ခြေသည်းအလှပြင်သည်	chei dhi: ahla. pjin de
make-up bag	မိတ်ကပ်အိတ်	mi' ka' ei'
face powder	ပေါင်ဒါ	paun da
powder compact	ပေါင်ဒါဘူး	paun da bu:
blusher	ပါးနီ	pa: ni
perfume (bottled)	ရေမွှေး	jei mwei:
toilet water (lotion)	ရေမွှေး	jei mwei:
lotion	လိုးရှင်း	lou shin:
cologne	အော်ဒီကာလုန်းရေမွှေး	o di ka lun: jei mwei:
eyeshadow	မျက်ခွံဆိုးဆေး	mje' khwan zou: zei:
eyeliner	အိုင်းလိုင်းနာတောင့်	ain: lain: na daun.
mascara	မျက်တောင်ခြယ်ဆေး	mje' taun gje zei:
lipstick	နှုတ်ခမ်းနီ	hna' khan: ni
nail polish, enamel	လက်သည်းဆိုးဆေး	le' the: azou: zei:
hair spray	ဆံပင်သုံး စပရေး	zabin dhoun za. ba. jei:
deodorant	ချွေးနံ့ပျောက်ဆေး	chwei: nan. bjau' hsei:
cream	ခရင်မ်	khajin m
face cream	မျက်နှာခရင်မ်	mje' hna ga. jin m
hand cream	ဟန်ခရင်မ်	han kha. rin m
anti-wrinkle cream	အသားခြောက်ကာကွယ်ဆေး	atha: gjau' ka gwe zei:
day cream	နေ့လိမ်းခရင်မ်	nei. lein: ga jin'm
night cream	ညလိမ်းခရင်မ်	nja lein: khajinm
day (as adj)	နေ့လယ်ဘက်သုံးသော	nei. le be' thoun: de.
night (as adj)	ညဘက်သုံးသော	nja. be' thoun: de.
tampon	အတောင့်	ataun.
toilet paper (toilet roll)	အိမ်သာသုံးစက္ကူ	ein dha dhoun: se' ku
hair dryer	ဆံပင်အခြောက်ခံစက်	zabin achou' hsan za'

34. Watches. Clocks

watch (wristwatch)	နာရီ	na ji
dial	နာရီဒိုက်ခွက်	na ji dai' hpwe'
hand (of clock, watch)	နာရီလက်တံ	na ji le' tan
metal watch band	နာရီကြိုး	na ji gjou:
watch strap	နာရီကြိုး	na ji gjou:
battery	ဓာတ်ခဲ	da' khe:
to be dead (battery)	အားကုန်သည်	a: kun de
to change a battery	ဘတ်ထရီလဲသည်	ba' hta ji le: de
to run fast	မြန်သည်	mjan de

to run slow	နောက်ကျသည်	nau' kja. de
wall clock	တိုင်ကပ်နာရီ	tain ka' na ji
hourglass	သဲနာရီ	the: naji
sundial	နေနာရီ	nei na ji
alarm clock	နှိုးစက်	hnou: ze'
watchmaker	နာရီပြင်ဆရာ	ma ji bjin zaja
to repair (vt)	ပြင်သည်	pjin de

Food. Nutricion

35. Food

meat	အသား	atha:
chicken	ကြက်သား	kje' tha:
Rock Cornish hen (poussin)	ကြက်ကလေး	kje' ka. lei:
duck	ဘဲသား	be: dha:
goose	ဘဲငန်းသား	be: ngan: dha:
game	တောကောင်သား	to: gaun dha:
turkey	ကြက်ဆင်သား	kje' hsin dha:
pork	ဝက်သား	we' tha:
veal	နွားကလေးသား	nwa: ga. lei: dha:
lamb	သိုးသား	thou: tha:
beef	အမဲသား	ame: dha:
rabbit	ယုန်သား	joun dha:
sausage (bologna, etc.)	ဝက်အူချောင်း	we' u gjaun:
vienna sausage (frankfurter)	အသားချောင်း	atha: gjaun:
bacon	ဝက်ဆားနယ်ခြောက်	we' has: ne gjau'
ham	ဝက်ပေါင်ခြောက်	we' paun gjau'
gammon	ဝက်ပေါင်ကြက်တိုက်	we' paun gje' tai'
pâté	အနှစ်အခဲပျော့	ahni' akhe pjo.
liver	အသည်း	athe:
hamburger (ground beef)	ကြိတ်သား	kjei' tha:
tongue	လျှာ	sha
egg	ဥ	u.
eggs	ဥများ	u. mja:
egg white	အကာ	aka
egg yolk	အနှစ်	ahni'
fish	ငါး	nga:
seafood	ပင်လယ်အစားအစာ	pin le asa: asa
crustaceans	အခွံမာရှေနေ သတ္တဝါ	akhun ma jei nei dha' ta. wa
caviar	ငါးဥ	nga: u.
crab	ကဏန်း	kanan:
shrimp	ပုစွန်	bazun
oyster	ကမာကောင်	kama kaun
spiny lobster	ကျောက်ပုစွန်	kjau' pu. zun

octopus	ရေဘဝဲသား	jei ba. we: dha:
squid	ပြည်ကြီးငါး	pjei gji: nga:
sturgeon	စတာဂျင်ငါး	sata gjin nga:
salmon	ဆော်လမွန်ငါး	hso: la. mun nga:
halibut	ပင်လယ်ငါးကြီးသား	pin le nga: gji: dha:
cod	ငါးကြီးဆီထုတ်သောငါး	nga: gji: zi dou' de. nga:
mackerel	မက်ကာရယ်ငါး	me' ka. je nga:
tuna	တူနာငါး	tu na nga:
eel	ငါးရှဉ့်	nga: shin.
trout	ထရောက်ငါး	hta. jau' nga:
sardine	ငါးသေတ္တာငါး	nga: dhei ta' nga:
pike	ပိုက်ငါး	pai' nga
herring	ငါးသလောက်	nga: dha. lau'
bread	ပေါင်မုန့်	paun moun.
cheese	ဒိန်ခဲ	dain ge:
sugar	သကြား	dhagja:
salt	ဆား	hsa:
rice	ဆန်စပါး	hsan zaba
pasta (macaroni)	အီတာလိခေါက်ဆွဲ	ita. li khau' hswe:
noodles	ခေါက်ဆွဲ	gau' hswe:
butter	ထောပတ်	hto: ba'
vegetable oil	ဆီ	hsi
sunflower oil	နေကြာပန်းဆီ	nei gja ban: zi
margarine	ဟင်းရွက်အဆီခဲ	hin: jwe' ahsi khe:
olives	သံလွင်သီး	than lun dhi:
olive oil	သံလွင်ဆီ	than lun zi
milk	နွားနို့	nwa: nou.
condensed milk	နို့ဆီ	ni. zi
yogurt	ဒိန်ချဉ်	dain gjin
sour cream	နို့ချဉ်	nou. gjin
cream (of milk)	မလိုင်	ma. lain
mayonnaise	ခပ်ပျစ်ပျစ်စားမြိန်ရည်	kha' pji' pji' sa: mjein jei
buttercream	ထောပတ်မလိုင်	hto: ba' ma. lein
groats (barley ~, etc.)	နှံစားဆေ့	nhnan za: zei.
flour	ဂျုံမှုန့်	gjoun hmoun.
canned food	စည်သွပ်ဘူးများ	si dhwa' bu: mja:
cornflakes	ပြောင်းဖူးမုန့်ဆန်း	pjaun: bu: moun. zan:
honey	ပျားရည်	pja: je
jam	ယို	jou
chewing gum	ပီကေ	pi gei

36. Drinks

water	ေရ	jei
drinking water	ေသာက္ေရ	thau' jei
mineral water	ဓာတ္ဆားရည္	da' hsa: ji
still (adj)	ဂက္စ္မပါေသာ	ga' s ma. ba de.
carbonated (adj)	ဂက္စ္ပါေသာ	ga' s ba de.
sparkling (adj)	စပါကလင္	saba ga. lin
ice	ေရခဲ	jei ge:
with ice	ေရခဲႏွင့္	jei ge: hnin.
non-alcoholic (adj)	အယ္ကိုေဟာမပါေသာ	e kou ho: ma. ba de.
soft drink	အယ္ကိုေဟာမဟုတ္ေသာ ေသာက္စရာ	e kou ho: ma. hou' te. dhau' sa. ja
refreshing drink	အေအး	aei:
lemonade	လီမြန္ေဖ်ာ္ရည္	li mun hpjo ji
liquors	အယ္ကိုေဟာပါဝင္ေသာ ေသာက္စရာ	e kou ho: ba win de. dhau' sa. ja
wine	ဝိုင္	wain
white wine	ဝိုင္ျဖဴ	wain gju
red wine	ဝိုင္နီ	wain ni
liqueur	အရက္ခ်ိဳျပင္း	aje' gjou pjin
champagne	ရွန္ပိန္	shan pein
vermouth	ရွန္သင္းဒ်ဴသာ ေဆး၀ါးဝိုင္	jan dhin: dho: zei: zein wain
whiskey	ဝီစကီ	wi sa. gi
vodka	ေဗာ္ကာ	bo ga
gin	ဂ်င္	gjin
cognac	ေကာ့ည္က္	ko. nja'
rum	ရမ္	ran
coffee	ေကာ္ဖီ	ko hpi
black coffee	ဘလက္ေကာ္ဖီ	ba. le' ko: phi
coffee with milk	ေကာ္ဖီႏို႔ေရာ	ko hpi ni. jo:
cappuccino	ကပူခ်ီနီ	ka. pu chi ni.
instant coffee	ေကာ္ဖီမစ္	ko hpi mi'
milk	ႏြားႏို႔	nwa: nou.
cocktail	ေကာ့ေတး	ko. dei:
milkshake	မစ္ရွိတ္	mi' shei'
juice	အခ်ိဳရည္	achou ji
tomato juice	ခရမ္းခ်ဥ္သီးအခ်ိဳရည္	khajan: chan dhi: achou jei
orange juice	လိေမၼာ္ရည္	limmo ji
freshly squeezed juice	အသီးေဖ်ာ္ရည္	athi: hpjo je
beer	ဘီယာ	bi ja
light beer	အေရာင္ေဖ်ာ့ေသာဘီယာ	ajaun bjau. de. bi ja

dark beer	အရောင်ရင့်သောဘီယာ	ajaun jin. de. bi ja
tea	လက်ဖက်ရည်	le' hpe' ji
black tea	လက်ဖက်နက်	le' hpe' ne'
green tea	လက်ဖက်စိမ်း	le' hpe' sein:

37. Vegetables

vegetables	ဟင်းသီးဟင်းရွက်	hin: dhi: hin: jwe'
greens	ဟင်းခတ်အမွှေးရွက်	hin: ga' ahmwei: jwe'
tomato	ခရမ်းချဉ်သီး	khajan: chan dhi:
cucumber	သခွားသီး	thakhwa: dhi:
carrot	မုန်လာဥနီ	moun la u. ni
potato	အာလူး	a lu:
onion	ကြက်သွန်နီ	kje' thwan ni
garlic	ကြက်သွန်ဖြူ	kje' thwan bju
cabbage	ဂေါ်ဘီ	go bi
cauliflower	ပန်းဂေါ်ဘီ	pan: gozi
Brussels sprouts	ဂေါ်ဘီထုပ်အသေးစား	go bi dou' athei: za:
broccoli	ပန်းဂေါ်ဘီအစိမ်း	pan: gozi asein:
beet	မုန်လာဥနီလုံး	moun la u. ni loun:
eggplant	ခရမ်းသီး	khajan: dhi:
zucchini	ဘူးသီး	bu: dhi:
pumpkin	ဖရုံသီး	hpa joun dhi:
turnip	တရုတ်မုန်လာဥ	tajou' moun la u.
parsley	တရုတ်နံနံပင်	tajou' nan nan bin
dill	စမြိတ်ပင်	samjei' pin
lettuce	ဆလတ်ရွက်	hsa. la' jwe'
celery	တရုတ်နံနံကြီး	tajou' nan nan gji:
asparagus	ကညွတ်မာပင်	ka. nju' ma bin
spinach	ဒေါက်ခွ	dau' khwa.
pea	ပဲစေ့	pe: zei.
beans	ပဲအမျိုးမျိုး	pe: amjou: mjou:
corn (maize)	ပြောင်းဖူး	pjaun: bu:
kidney bean	ဝိုလ်စားပဲ	bou za: be:
bell pepper	ငရုတ်သီး	nga jou' thi:
radish	မုန်လာဥသေး	moun la u. dhei:
artichoke	အာတိချော့	a ti cho.

38. Fruits. Nuts

fruit	အသီး	athi:
apple	ပန်းသီး	pan: dhi:

pear	သစ်တော်သီး	thi' to dhi:
lemon	သံပုရာသီး	than bu. jou dhi:
orange	လိမ္မော်သီး	limmo dhi:
strawberry (garden ~)	စတော်ဘယ်ရီသီး	sato be ri dhi:
mandarin	ပျားလိမ္မော်သီး	pja: lein mo dhi:
plum	ဆီးသီး	hsi: dhi:
peach	မက်မွန်သီး	me' mwan dhi:
apricot	တရုတ်ဆီးသီး	jau' hsi: dhi:
raspberry	ရတ်စဘယ်ရီ	re' sa be ji
pineapple	နာနတ်သီး	na na' dhi:
banana	ငှက်ပျောသီး	hnge' pjo: dhi:
watermelon	ဖရဲသီး	hpa. je: dhi:
grape	စပျစ်သီး	zabji' thi:
cherry	ချယ်ရီသီး	che ji dhi:
sour cherry	ချယ်ရီချဉ်သီး	che ji gjin dhi:
sweet cherry	ချယ်ရီချိုသီး	che ji gjou dhi:
melon	သခွားမွှေးသီး	thakhwa: hmwei: dhi:
grapefruit	ဂရိတ်ဖရုသီး	ga. ri' hpa. ju dhi:
avocado	ထောပတ်သီး	hto: ba' thi:
papaya	သင်္ဘောသီး	thin: bo: dhi:
mango	သရက်သီး	thaje' thi:
pomegranate	တလည်းသီး	tale: dhi:
redcurrant	အနီရောင်ဘယ်ရီသီး	ani jaun be ji dhi:
blackcurrant	ဘလက်ကားရန့်	ba. le' ka: jan.
gooseberry	ကလားဆီးဖြူ	ka. la: his: hpju
bilberry	ဘီဘယ်ရီအသီး	bi: be ji athi:
blackberry	ရှမ်းဆီးသီး	shan: zi: di:
raisin	စပျစ်သီးခြောက်	zabji' thi: gjau'
fig	သဖန်းသီး	thahpjan: dhi:
date	စွန်ပလွံသီး	sun palun dhi:
peanut	မြေပဲ	mjei be:
almond	ဗာဒံသီး	ba dan di:
walnut	သစ်ကြားသီး	thi' kja: dhi:
hazelnut	ဟောဇယ်သီး	ho: ze dhi:
coconut	အုန်းသီး	aun: dhi:
pistachios	ခွမာသီး	khwan ma dhi:

39. Bread. Candy

bakers' confectionery (pastry)	မုန့်ချို	moun. gjou
bread	ပေါင်မုန့်	paun moun.
cookies	ဘီစကစ်	bi za. ki'
chocolate (n)	ရှောကလက်	cho: ka. le'

chocolate (as adj)	ချောကလက်အရ သာရှိသော	cho: ka. le' aja. dha shi. de.
candy (wrapped)	သကြားလုံး	dhagja: loun:
cake (e.g., cupcake)	ကိတ်	kei'
cake (e.g., birthday ~)	ကိတ်မုန့်	kei' moun.
pie (e.g., apple ~)	ပိုင်မုန့်	pain hmoun.
filling (for cake, pie)	သွပ်ထားသောအစာ	thu' hta: dho: asa
jam (whole fruit jam)	ယို	jou
marmalade	အထူးပြုလုပ်ထားသော ယို	a htu: bju. lou' hta: de. jou
wafers	ဝေဖာ	wei hpa
ice-cream	ရေခဲမုန့်	jei ge: moun.
pudding	ပူတင်း	pu tin:

40. Cooked dishes

course, dish	ဟင်းပွဲ	hin: bwe:
cuisine	အစားအသောက်	asa: athau'
recipe	ဟင်းချက်နည်း	hin: gji' ne:
portion	တစ်ယောက်စာဟင်းပွဲ	ti' jau' sa hin: bwe:
salad	အသုပ်	athou'
soup	စွပ်ပြုတ်	su' pjou'
clear soup (broth)	ဟင်းရည်	hin: ji
sandwich (bread)	အသားညှပ်ပေါင်မုန့်	atha: hnja' paun moun.
fried eggs	ကြက်ဥကြော်	kje' u. kjo
hamburger (beefburger)	ဟန်ဘာဂါ	han ba ga
beefsteak	အမဲသားတုံး	ame: dha: doun:
side dish	အရံဟင်း	ajan hin:
spaghetti	အီတလီခေါက်ဆွဲ	ita. li khau' hswe:
mashed potatoes	အာလူးနွားနို့ဖျော်	a luu: nwa: nou. bjo
pizza	ပီဇာ	pi za
porridge (oatmeal, etc.)	အုတ်ဂျုံယာဂု	ou' gjoun ja gu.
omelet	ကြက်ဥခေါက်ကြော်	kje' u. khau' kjo
boiled (e.g., ~ beef)	ပြုတ်ထားသော	pjou' hta: de.
smoked (adj)	ကျိုတင်ထားသော	kja' tin da: de.
fried (adj)	ကြော်ထားသော	kjo da de.
dried (adj)	ခြောက်နေသော	chau' nei de.
frozen (adj)	အေးခဲနေသော	ei: khe: nei de.
pickled (adj)	သားရည်စိမ်ထားသော	hsa:
sweet (sugary)	ချိုသော	chou de.
salty (adj)	ငန်သော	ngan de.
cold (adj)	အေးသော	ei: de.
hot (adj)	ပူသော	pu dho:

bitter (adj)	ခါးသော	kha: de.
tasty (adj)	အရသာရှိသော	aja. dha shi. de.
to cook in boiling water	ပြုတ်သည်	pjou' te
to cook (dinner)	ချက်သည်	che' de
to fry (vt)	ကြော်သည်	kjo de
to heat up (food)	အပူပေးသည်	apu bei: de
to salt (vt)	ဆားထည့်သည်	hsa: hte. de
to pepper (vt)	အစပ်ထည့်သည်	asin hte. dhe
to grate (vt)	ခြစ်သည်	chi' te
peel (n)	အခွံ	akhun
to peel (vt)	အခွံနွာသည်	akhun hnwa de

41. Spices

salt	ဆား	hsa:
salty (adj)	ငန်သော	ngan de.
to salt (vt)	ဆားထည့်သည်	hsa: hte. de
black pepper	ငရုတ်ကောင်း	nga jou' kaun:
red pepper (milled ~)	ငရုတ်သီး	nga jou' thi:
mustard	မုန်ညင်း	moun njin:
horseradish	သင်္ဘောဒန့်သလွန်	thin: bo: dan. dha lun
condiment	ဟင်းခတ်အမွှန့်အမျိုးမျိုး	hin: ga' ahnun. amjou: mjou:
spice	ဟင်းခတ်အမွှေးအကြိုင်	hin: ga' ahmwei: akjain
sauce	ဆော့	hso.
vinegar	ရှာလကာရည်	sha la. ga je
anise	စမုန်စပါးပင်	samoun zaba: bin
basil	ပင်စိမ်း	pin zein:
cloves	လေးညှင်း	lei: hnjin:
ginger	ဂျင်း	gjin:
coriander	နံနံပင်	nan nan bin
cinnamon	သစ်ကြံပိုးခေါက်	thi' kjan bou: gau'
sesame	နှမ်း	hnan:
bay leaf	ကရဝေးရွက်	ka ja wei: jwe'
paprika	ပန်းငရုတ်မှုန့်	pan: nga. jou' hnoun.
caraway	ကရဝေး	ka. ja. wei:
saffron	ကုံကုမံ	koun kou man

42. Meals

food	အစားအစာ	asa: asa
to eat (vi, vt)	စားသည်	sa: de

English	Burmese	Pronunciation
breakfast	နံနက်စာ	nan ne' za
to have breakfast	နံနက်စာစားသည်	nan ne' za za: de
lunch	နေ့လယ်စာ	nei. le za
to have lunch	နေ့လယ်စာစားသည်	nei. le za za de
dinner	ညစာ	nja. za
to have dinner	ညစာစားသည်	nja. za za: de
appetite	စားချင်စိတ်	sa: gjin zei'
Enjoy your meal!	စားကောင်းပါစေ	sa: gaun: ba zei
to open (~ a bottle)	ဖွင့်သည်	hpwin. de
to spill (liquid)	ဖိတ်ကျသည်	hpi' kja de
to spill out (vi)	မှောက်သည်	hmau' de
to boil (vi)	ဆူပွက်သည်	hsu. bwe' te
to boil (vt)	ဆူပွက်သည်	hsu. bwe' te
boiled (~ water)	ဆူပွက်ထားသော	hsu. bwe' hta: de.
to chill, cool down (vt)	အအေးခံသည်	aei: gan de
to chill (vi)	အေးသွားသည်	ei: dhwa: de
taste, flavor	အရသာ	aja. dha
aftertaste	ပအာခြင်း	pa. achin:
to slim down (lose weight)	ဝိတ်ချသည်	wei' cha. de
diet	ဓာတ်စာ	da' sa
vitamin	ဗီတာမင်	bi ta min
calorie	ကယ်လိုရီ	ke lou ji
vegetarian (n)	သက်သက်လွတ်စားသူ	the' the' lu' za: dhu
vegetarian (adj)	သက်သက်လွတ်စားသော	the' the' lu' za: de.
fats (nutrient)	အဆီ	ahsi
proteins	အသားဓာတ်	atha: da'
carbohydrates	ကစီဓာတ်	ka. zi da'
slice (of lemon, ham)	အချပ်	acha'
piece (of cake, pie)	အတုံး	atoun:
crumb (of bread, cake, etc.)	အစအန	asa an

43. Table setting

English	Burmese	Pronunciation
spoon	ဇွန်း	zun:
knife	ဓား	da:
fork	ခက်ရင်း	khajin:
cup (e.g., coffee ~)	ခွက်	khwe'
plate (dinner ~)	ပန်းကန်ပြား	bagan: bja:
saucer	အောက်ခံပန်းကန်ပြား	au' khan ban: kan pja:
napkin (on table)	လက်သုတ်ပုဝါ	le' thou' pu. wa
toothpick	သွားကြားထိုးတံ	thwa: kja: dou: dan

44. Restaurant

restaurant	စားသောက်ဆိုင်	sa: thau' hsain
coffee house	ကော်ဖီဆိုင်	ko hpi zain
pub, bar	ဘား	ba:
tearoom	လက်ဖက်ရည်ဆိုင်	le' hpe' ji zain
waiter	စားပွဲထိုး	sa: bwe: dou
waitress	စားပွဲထိုးမိန်းကလေး	sa: bwe: dou: mein: ga. lei:
bartender	အရက်ဘားဝန်ထမ်း	aje' ba: wun dan:
menu	စားသောက်ဖွယ်စာရင်း	sa: thau' hpwe za jin:
wine list	ဝိုင်စာရင်း	wain za jin:
to book a table	စားပွဲကြိုတွင်	sa: bwe: gjou din
	မှာယူသည်	hma ju de
course, dish	ဟင်းပွဲ	hin: bwe:
to order (meal)	မှာသည်	hma de
to make an order	မှာသည်	hma de
aperitif	နတ်မြိန်ဆေး	hna' mjein zei:
appetizer	နတ်မြိန်စာ	hna' mjein za
dessert	အချိုပွဲ	achou bwe:
check	ကျသင့်ငွေ	kja. thin. ngwei
to pay the check	ကုန်ကျငွေရှင်းသည်	koun gja ngwei shin: de
to give change	ပြန်အမ်းသည်	pjan an: de
tip	မုန့်ဖိုး	moun. bou:

Family, relatives and friends

45. Personal information. Forms

name (first name)	အမည်	amji
surname (last name)	မိသားစုအမည်	mi. dha: zu. amji
date of birth	မွေးနေ့	mwei: nei.
place of birth	မွေးရပ်	mwer: ja'
nationality	လူမျိုး	lu mjou:
place of residence	နေရပ်ဒေသ	nei ja' da. dha.
country	နိုင်ငံ	nain ngan
profession (occupation)	အလုပ်အကိုင်	alou' akain
gender, sex	လိင်	lin
height	အရပ်	aja'
weight	ကိုယ်အလေးချိန်	kou alei: chain

46. Family members. Relatives

mother	အမေ	amei
father	အဖေ	ahpei
son	သား	tha:
daughter	သမီး	thami:
younger daughter	သမီးအငယ်	thami: ange
younger son	သားအငယ်	tha: ange
eldest daughter	သမီးအကြီး	thami: akji:
eldest son	သားအကြီး	tha: akji:
brother	ညီအစ်ကို	nji a' kou
elder brother	အစ်ကို	akou
younger brother	ညီ	nji
sister	ညီအစ်မ	nji a' ma
elder sister	အစ်မ	ama.
younger sister	ညီမ	nji ma.
cousin (masc.)	ဝမ်းကွဲအစ်ကို	wan: kwe: i' kou
cousin (fem.)	ဝမ်းကွဲညီမ	wan: kwe: nji ma.
mom, mommy	မေမေ	mei mei
dad, daddy	ဖေဖေ	hpei hpei
parents	မိဘတွေ	mi. ba. dwei
child	ကလေး	kalei:

children	ကလေးများ	kalei: mja:
grandmother	အဘွား	ahpwa
grandfather	အဘိုး	ahpou:
grandson	မြေး	mjei:
granddaughter	မြေးမ	mjei: ma.
grandchildren	မြေးများ	mjei: mja:
uncle	ဦးလေး	u: lei:
aunt	အဒေါ်	ado
nephew	တူ	tu
niece	တူမ	tu ma.
mother-in-law (wife's mother)	ယောက္ခမ	jau' khama.
father-in-law (husband's father)	ယောက္ခထီး	jau' khadi:
son-in-law (daughter's husband)	သားမက်	tha: me'
stepmother	မိထွေး	mi. dwei:
stepfather	ပထွေး	pahtwei:
infant	နို့စို့ကလေး	nou. zou. galei:
baby (infant)	ကလေးငယ်	kalei: nge
little boy, kid	ကလေး	kalei:
wife	မိန်းမ	mein: ma.
husband	ယောက်ျား	jau' kja:
spouse (husband)	ခင်ပွန်း	khin bun:
spouse (wife)	ဇနီး	zani:
married (masc.)	မိန်းမရှိသော	mein: ma. shi. de.
married (fem.)	ယောက်ျားရှိသော	jau' kja: shi de
single (unmarried)	လူလွတ်ဖြစ်သော	lu lu' hpji' te.
bachelor	လူပျို	lu bjou
divorced (masc.)	တစ်ခုလပ်ဖြစ်သော	ti' khu. la' hpji' te.
widow	မုဆိုးမ	mu. zou: ma.
widower	မုဆိုးဖို	mu. zou: bou
relative	ဆွေမျိုး	hswe mjou:
close relative	ဆွေမျိုးရင်းချာ	hswe mjou: jin: gja
distant relative	ဆွေမျိုးနီးစပ်	hswe mjou: ni: za'
relatives	မွေးချင်းများ	mwei: chin: mja:
orphan (boy or girl)	မိဘမဲ့	mi. ba me.
orphan (boy)	မိဘမဲ့ကလေး	mi. ba me. ga lei:
orphan (girl)	မိဘမဲ့ကလေးမ	mi. ba me. ga lei: ma
guardian (of a minor)	အုပ်ထိန်းသူ	ou' htin: dhu
to adopt (a boy)	သားအဖြစ်မွေးစားသည်	tha: ahpji' mwei: za: de
to adopt (a girl)	သမီးအဖြစ်မွေးစားသည်	thami: ahpji' mwei: za: de

Medicine

47. Diseases

English	Burmese	Pronunciation
sickness	ရောဂါ	jo: ga
to be sick	ဖျားနာသည်	hpa: na de
health	ကျန်းမာရေး	kjan: ma jei:
runny nose (coryza)	နာစေးခြင်း	hna zei: gjin:
tonsillitis	အာသီးရောင်ခြင်း	a sha. jaun gjin:
cold (illness)	အအေးမိခြင်း	aei: mi. gjin:
to catch a cold	အအေးမိသည်	aei: mi. de
bronchitis	ချောင်းဆိုးရင်ကျပ်နာ	gaun: ou: jin gja' na
pneumonia	အဆုတ်ရောင်ရောဂါ	ahsou' jaun jo: ga
flu, influenza	တုပ်ကွေး	tou' kwei:
nearsighted (adj)	အဝေးမှုန်သော	awei: hmun de.
farsighted (adj)	အနီးမှုန်	ani: hmoun
strabismus (crossed eyes)	မျက်စိစွေခြင်း	mje' zi. zwei gjin:
cross-eyed (adj)	မျက်စိစွေသော	mje' zi. zwei de.
cataract	နာမကျန်းဖြစ်ခြင်း	na. ma. gjan: bji' chin:
glaucoma	ရေတိမ်	jei dein
stroke	လေသင်တုန်းဖြတ်ခြင်း	lei dhin doun: bja' chin:
heart attack	နလုံးဖောက်ပြန်မှု	hnaloun: bau' bjan hmu.
myocardial infarction	နလုံးကြွက်သား ပို့ခြင်း	hnaloun: gjwe' tha: bou' chin:
paralysis	သွက်ချာပါဒ	thwe' cha ba da.
to paralyze (vt)	ဆိုင်းတွသွားသည်	hsain: dwa dhwa: de
allergy	မတည့်ခြင်း	ma. de. gjin:
asthma	ပန်းနာ	pan: na
diabetes	ဆီးချိုရောဂါ	hsi: gjou jau ba
toothache	သွားကိုက်ခြင်း	thwa: kai' chin:
caries	သွားပိုးစားခြင်း	thwa: pou: za: gjin:
diarrhea	ဝမ်းလျှောခြင်း	wan: sho: gjin:
constipation	ဝမ်းချုပ်ခြင်း	wan: gjou' chin:
stomach upset	ဗိုက်နာခြင်း	bai' na gjin:
food poisoning	အစာအဆိပ်သင့်ခြင်း	asa: ahsei' thin. gjin:
to get food poisoning	အစားမှားခြင်း	asa: hma: gjin:
arthritis	အဆစ်ရောင်နာ	ahsi' jaun na
rickets	အရိုးပျော့နာ	ajou: bjau. na

rheumatism	ဒူလာ	du la
atherosclerosis	နှလုံးသွေးကြော အဆီပိတ်ခြင်း	hna. loun: twei: kjau ahsi pei' khin:
gastritis	အစာအိမ်ရောင်ရမ်းနာ	asa: ein jaun jan: na
appendicitis	အူအတက်ရောင်ခြင်း	au hte' jaun gjin:
cholecystitis	သည်းခြေပြွန်ရောင်ခြင်း	thi: gjei bjun jaun gjin:
ulcer	ဖက်ခွက်နာ	hpe' khwe' na
measles	ဝက်သက်	we' the'
rubella (German measles)	ဂျူက်သိုး	gjou' thou:
jaundice	အသားဝါရောဂါ	atha: wa jo: ga
hepatitis	အသည်းရောင်ရောဂါ	athe: jaun jau ba
schizophrenia	စိတ်ကစဉ့်ကလျားရောဂါ	sei' ga. zin. ga. lja: jo: ga
rabies (hydrophobia)	ခွေးရူးပြန်ရောဂါ	khwei: ju: bjan jo: ba
neurosis	စိတ်မူမမှန်ခြင်း	sei' mu ma. hman gjin:
concussion	ဦးနှောက်ထိခိုက်ခြင်း	oun: hnau' hti. gai' chin:
cancer	ကင်ဆာ	kin hsa
sclerosis	အသားမှျင်ခက် မာသွားခြင်း	atha: hmjin kha' ma dwa: gjin:
multiple sclerosis	အာရုံကြောပျက်စီး ရောင်ရမ်းသည့်ရောဂါ	a joun gjo: bje' si: jaun jan: dhi. jo: ga
alcoholism	အရက်နာစွဲခြင်း	aje' na zwe: gjin:
alcoholic (n)	အရက်သမား	aje' dha. ma:
syphilis	ဆစ်ဖလစ်ကာလ သားရောဂါ	his' hpa. li' ka la. dha: jo: ba
AIDS	ကိုယ်ခံအားကျကူး စက်ရောဂါ	kou khan a: kja ku: za' jau ba
tumor	အသားပို	atha: pou
malignant (adj)	ကင်ဆာဖြစ်နေသော	kin hsa bji' nei de.
benign (adj)	ပြန့်ပွားခြင်း မရှိသော	pjan. bwa: gjin: ma. shi. de.
fever	အဖျားတက်ရောဂါ	ahpja: de' jo: ga
malaria	ငှက်ဖျားရောဂါ	hnge' hpja: jo: ba
gangrene	ဂန်ဂရိန်းနာရောဂါ	gan ga. ji na jo: ba
seasickness	လှိုင်းမူးခြင်း	hlain: mu: gjin:
epilepsy	ဝက်ရူးပြန်ရောဂါ	we' ju: bjan jo: ga
epidemic	ကပ်ရောဂါ	ka' jo ba
typhus	တိုက်ဖိုက်ရောဂါ	tai' hpai' jo: ba
tuberculosis	တီဘီရောဂါ	ti bi jo: ba
cholera	ကာလဝမ်းရောဂါ	ka la. wan: jau ga
plague (bubonic ~)	ကပ်ဆိုး	ka' hsou:

48. Symptoms. Treatments. Part 1

symptom	လက္ခဏာ	le' khana
temperature	အပူချိန်	apu gjein
high temperature (fever)	ကိုယ်အပူချိန်တက်	kou apu chain de'
pulse (heartbeat)	သွေးခုန်နှုန်း	thwei: khoun hnan:
dizziness (vertigo)	မူးနောက်ခြင်း	mu: nau' chin:
hot (adj)	ပူသော	pu dho:
shivering	တုန်ခြင်း	toun gjin:
pale (e.g., ~ face)	ဖြူရော်သော	hpju jo de.
cough	ချောင်းဆိုးခြင်း	gaun: zou: gjin:
to cough (vi)	ချောင်းဆိုးသည်	gaun: zou: de
to sneeze (vi)	နာချေသည်	hna gjei de
faint	အားနည်းခြင်း	a: ne: gjin:
to faint (vi)	သတိလစ်သည်	dhadi. li' te
bruise (hématome)	ပွန်းပဲ့ဒက်ရာ	pun: be. dan ja
bump (lump)	ဆောင့်မိခြင်း	hsaun. mi. gjin:
to bang (bump)	ဆောင့်မိသည်	hsaun. mi. de.
contusion (bruise)	ပွန်းပဲ့ဒက်ရာ	pun: be. dan ja
to get a bruise	ပွန်းပဲ့ဒက်ရာရသည်	pun: be. dan ja ja. de
to limp (vi)	ထော့နဲ့ထော့နဲ့လျောက်သည်	hto. ne. hto. ne. shau' te
dislocation	အဆစ်လွဲခြင်း	ahsi' lwe: gjin:
to dislocate (vt)	အဆစ်လွဲသည်	ahsi' lwe: de
fracture	ကျိုးအက်ခြင်း	kjou: e' chin:
to have a fracture	ကျိုးအက်သည်	kjou: e' te
cut (e.g., paper ~)	ရှသည်	sha. de
to cut oneself	ရှမိသည်	sha. mi. de
bleeding	သွေးထွက်ခြင်း	thwei: htwe' chin:
burn (injury)	မီးလောင်သည့်ဒက်ရာ	mi: laun de. dan ja
to get burned	မီးလောင်ဒက်ရာရသည်	mi: laun dan ja ja. de
to prick (vt)	ဖောက်သည်	hpau' te
to prick oneself	ကိုယ်တိုင်ဖောက်သည်	kou tain hpau' te
to injure (vt)	ထိခိုက်ဒက်ရာရသည်	hti. gai' dan ja ja. de
injury	ထိခိုက်ဒက်ရာ	hti. gai' dan ja
wound	ဒက်ရာ	dan ja
trauma	စိတ်ဒက်ရာ	sei' dan ja
to be delirious	ကယောင်ကတမ်းဖြစ်သည်	kajaun ka dan: bi' te
to stutter (vi)	တုံ့နှေးတုံ့နှေးဖြစ်သည်	toun. hnei: toun. hnei: bji' te
sunstroke	အပူလျှပ်ခြင်း	apu hlja' chin

49. Symptoms. Treatments. Part 2

pain, ache	နာကျင်မှု	na gjin hmu.
splinter (in foot, etc.)	ပွဲထွက်သောအစ	pe. dwe' tho: asa.
sweat (perspiration)	ချွေး	chwei:
to sweat (perspire)	ချွေးထွက်သည်	chwei: htwe' te
vomiting	အန်ခြင်း	an gjin:
convulsions	အကြောလိုက်ခြင်း	akjo: lai' chin:
pregnant (adj)	ကိုယ်ဝန်ဆောင်ထားသော	kou wun hsaun da: de.
to be born	မွေးဖွားသည်	mwei: bwa: de
delivery, labor	မီးဖွားခြင်း	mi: bwa: gjin:
to deliver (~ a baby)	မီးဖွားသည်	mi: bwa: de
abortion	ကိုယ်ဝန်ဖျက်ချခြင်း	kou wun hpje' cha chin:
breathing, respiration	အသက်ရှုခြင်း	athe' shu gjin:
in-breath (inhalation)	ဝင်လေ	win lei
out-breath (exhalation)	ထွက်လေ	htwe' lei
to exhale (breathe out)	အသက်ရှုထုတ်သည်	athe' shu dou' te
to inhale (vi)	အသက်ရှုသွင်းသည်	athe' shu dhwin: de
disabled person	ကိုယ်အင်္ဂါမသန်စွမ်းသူ	kou an ga ma. dhan swan: dhu
cripple	မသန်မစွမ်းသူ	ma. dhan ma. zwan dhu
drug addict	ဆေးစွဲသူ	hsei: zwe: dhu
deaf (adj)	နားမကြားသော	na: ma. gja: de.
mute (adj)	ဆွံ့အသော	hsun. ade.
deaf mute (adj)	ဆွံ့အ နားမကြားသူ	hsun. ana: ma. gja: dhu
mad, insane (adj)	စိတ်မနှံ့သော	sei' ma. hnan. de.
madman (demented person)	စိတ်မနှံ့သူ	sei' ma. hnan. dhu
madwoman	စိတ်ဝေဒနာရှင် မိန်းကလေး	sei' wei da. na shin mein: ga. lei:
to go insane	ရူးသွပ်သည်	ju: dhu' de
gene	မျိုးရိုးဗီဇ	mjou: jou: bi za.
immunity	ကိုယ်ခံအား	kou gan a:
hereditary (adj)	မျိုးရိုးလိုက်သော	mjou: jou: lou' te.
congenital (adj)	မွေးရာပါဖြစ်သော	mwei: ja ba bji' te.
virus	ဗိုင်းရပ်ပိုးများ	bain: ja' pou: hmwa:
microbe	အဏုဇီဝရုပ်	anu zi wa. jou'
bacterium	ဘက်တီးရီးယားပိုး	be' ti: ji: ja: bou:
infection	ရောဂါကူးစက်မှု	jo ga gu: ze' hmu.

50. Symptoms. Treatments. Part 3

English	Burmese	Pronunciation
hospital	ဆေးရုံ	hsei: joun
patient	လူနာ	lu na
diagnosis	ရောဂါစစ်ဆေးခြင်း	jo ga zi' hsei: gjin:
cure	ဆေးကုထုံး	hsei: ku. doun:
medical treatment	ဆေးဝါးကုသမှု	hsei: wa: gu. dha. hmu.
to get treatment	ဆေးကုသမှုခံယူသည်	hsei: ku. dha. hmu. dha de
to treat (~ a patient)	ပြုစုသည်	pju. zu. de
to nurse (look after)	ပြုစုစောင့်ရှောက်သည်	pju. zu. zaun. shau' te
care (nursing ~)	ပြုစုစောင့်ရှောက်ခြင်း	pju. zu. zaun. shau' chin:
operation, surgery	ခွဲစိတ်ကုသခြင်း	khwe: zei' ku. dha. hin:
to bandage (head, limb)	ပတ်တီးစည်းသည်	pa' ti: ze: de
bandaging	ပတ်တီးစည်းခြင်း	pa' ti: ze: gjin:
vaccination	ကာကွယ်ဆေးထိုးခြင်း	ka gwe hsei: dou: gjin:
to vaccinate (vt)	ကာကွယ်ဆေးထိုးသည်	ka gwe hsei: dou: de
injection, shot	ဆေးထိုးခြင်း	hsei: dou: gjin:
to give an injection	ဆေးထိုးသည်	hsei: dou: de
attack	ရောဂါ ရုတ်တရက် ကျရောက်ခြင်း	jo ga jou' ta. je' kja. jau' chin:
amputation	ဖြတ်တောက်ကုသခြင်း	hpja' tau' ku. dha gjin:
to amputate (vt)	ဖြတ်တောက်ကုသသည်	hpja' tau' ku. dha de
coma	မေ့မြောခြင်း	mei. mjo: gjin:
to be in a coma	မေ့မြောသည်	mei. mjo: de
intensive care	အစွမ်းကုန်ပြုစုခြင်း	aswan: boun bju. zu. bjin:
to recover (~ from flu)	ရောဂါသက်သာလာသည်	jo ga dhe' tha la de
condition (patient's ~)	ကျန်းမာရေးအခြေအနေ	kjan: ma jei: achei a nei
consciousness	ပြန်လည်သတိရလာခြင်း	pjan le dhadi. ja. la. gjin:
memory (faculty)	မှတ်ဉာဏ်	hma' njan
to pull out (tooth)	နုတ်သည်	hna' te
filling	သွားပေါက်ဖာထေးမှု	thwa: bau' hpa dei: hmu.
to fill (a tooth)	ဖာသည်	hpa de
hypnosis	အိပ်မွေ့ချခြင်း	ei' mwei. gja. gjin:
to hypnotize (vt)	အိပ်မွေ့ချသည်	ei' mwei. gja. de

51. Doctors

English	Burmese	Pronunciation
doctor	ဆရာဝန်	hsa ja wun
nurse	သူနာပြု	thu na bju.
personal doctor	ကိုယ်ရေး ဆရာဝန်	kou jei: hsaja wun
dentist	သွားဆရာဝန်	thwa: hsaja wun
eye doctor	မျက်စိဆရာဝန်	mje' si. za. ja wun

internist	ရောဂါရှာဖွေရေး ဆရာဝန်	jo ga sha bwei jei: hsaja wun
surgeon	ခွဲစိတ်ကုဆရာဝန်	khwe: hsei' ku hsaja wun
psychiatrist	စိတ်ရောဂါအထူးကု ဆရာဝန်	sei' jo: ga ahtu: gu. zaja wun
pediatrician	ကလေးအထူးကုဆရာဝန်	kalei: ahtu: ku. hsaja wun
psychologist	စိတ်ပညာရှင်	sei' pjin nja shin
gynecologist	မီးယပ်ရောဂါအထူး ကုဆရာဝန်	mi: ja' jo: ga ahtu: gu za. ja wun
cardiologist	နှလုံးရောဂါအထူး ကုဆရာဝန်	hnaloun: jo: ga ahtu: gu. zaja wun

52. Medicine. Drugs. Accessories

medicine, drug	ဆေးဝါး	hsei: wa:
remedy	ကုသခြင်း	ku. dha. gjin:
to prescribe (vt)	ဆေးအညွှန်းပေးသည်	hsa: ahnjun: bwe: de
prescription	ဆေးညွှန်း	hsei: hnjun:
tablet, pill	ဆေးပြား	hsei: bja:
ointment	လိမ်းဆေး	lein: zei:
ampule	လေလုံဖန်ပုလင်းငယ်	lei loun ban bu. lin: nge
mixture, solution	စပ်ဆေးရည်	sa' ei: je
syrup	ဖျော်ရည်ဆီ	hpjo jei zi
capsule	ဆေးတောင့်	hsei: daun.
powder	အမှုန့်	ahmoun.
gauze bandage	ပတ်တီး	pa' ti:
cotton wool	ဂွမ်းလိပ်	gwan: lei'
iodine	တင်ဂျာအိုင်ဒင်း	tin gja ein din:
Band-Aid	ပလာစတာ	pa. la sata
eyedropper	မျက်စဉ်းခတ်ကိရိယာ	mje' zin: ba' ki. ji. ja
thermometer	အပူချိန်တိုင်းကိရိယာ	apu gjein dain: gi. ji. ja
syringe	ဆေးထိုးပြွတ်	hsei: dou: bju'
wheelchair	ဘီးတပ်ကုလားထိုင်	bi: da' ku. la: dain
crutches	ချိုင်းထောက်	chain: dau'
painkiller	အကိုက်အခဲပျောက်ဆေး	akai' akhe: pjau' hsei:
laxative	ဝမ်းနုတ်ဆေး	wan: hnou' hsei:
spirits (ethanol)	အရက်ပျံ	aje' pjan
medicinal herbs	ဆေးဖက်ဝင်အပင်များ	hsei: hpa' win apin mja:
herbal (~ tea)	ဆေးဖက်ဝင်အပင် နှင့်ဆိုင်သော	hsei: hpa' win apin hnin. zain de.

HUMAN HABITAT

City

53. City. Life in the city

city, town	မြို့	mjou.
capital city	မြို့တော်	mjou. do
village	ရွာ	jwa
city map	မြို့လမ်းညွှန်မြေပုံ	mjou. lan hnjun mjei boun
downtown	မြို့လယ်ခေါင်	mjou. le gaun
suburb	ဆင်ခြေဖုံးအရပ်	hsin gjei aja'
suburban (adj)	ဆင်ခြေဖုံးအရပ်ဖြစ်သော	hsin gjei hpoun aja' hpa' te.
outskirts	မြို့စွန်	mjou. zun
environs (suburbs)	ပတ်ဝန်းကျင်	pa' wun: gjin:
city block	စည်ကားရာမြို့လယ်နေရာ	si: ga: ja mjou. le nei ja
residential block (area)	လူနေရပ်ကွက်	lu nei ja' kwe'
traffic	ယာဉ်အသွားအလာ	jin athwa: ala
traffic lights	မီးပွိုင့်	mi: bwain.
public transportation	ပြည်သူပိုင်ဝန်းသွား ပို့ဆောင်ရေး	pji dhu bain gaji: dhwa: bou. zaun jei:
intersection	လမ်းဆုံ	lan: zoun
crosswalk	လူကူးမျဉ်းကြား	lu gu: mji: gja:
pedestrian underpass	မြေအောက်လမ်းကူး	mjei au' lan: gu:
to cross (~ the street)	လမ်းကူးသည်	lan: gu: de
pedestrian	လမ်းသွားလမ်းလာ	lan: dhwa: lan: la
sidewalk	လူသွားလမ်း	lu dhwa: lan:
bridge	တံတား	dada:
embankment (river walk)	ကမ်းနားတမံ	kan: na: da. man
fountain	ရေပန်း	jei ban:
allée (garden walkway)	ရိပ်သာလမ်း	jei' tha lan:
park	ပန်းခြံ	pan: gjan
boulevard	လမ်းငယ်	lan: ge
square	ရင်ပြင်	jin bjin
avenue (wide street)	လမ်းမကြီး	lan: mi. gji:
street	လမ်း	lan:
side street	လမ်းသွယ်	lan: dhwe
dead end	လမ်းဆုံး	lan: zoun:

house	အိမ်	ein
building	အဆောက်အဦ	ahsau' au
skyscraper	မိုးမျှော်တိုက်	mou: hmjo tou'
facade	အိမ်ရှေ့နံရံ	ein shei. nan jan
roof	အမိုး	amou:
window	ပြတင်းပေါက်	badin: pau'
arch	မုဒ်ဝ	mou' wa.
column	တိုင်	tain
corner	ထောင့်	htaun.
store window	ဆိုင်ရှေ့ပစ္စည်း အခင်းအကျင်း	hseun shei. bji' si: akhin: akjin:
signboard (store sign, etc.)	ဆိုင်းဘုတ်	hsain: bou'
poster (e.g., playbill)	ပိုစတာ	pou sata
advertising poster	ကြော်ငြာပိုစတာ	kjo nja bou sata
billboard	ကြော်ငြာဆိုင်းဘုတ်	kjo nja zain: bou'
garbage, trash	အမှိုက်	ahmai'
trash can (public ~)	အမှိုက်ပုံး	ahmai' poun:
to litter (vi)	လွှင့်ပစ်သည်	hlwin. bi' te
garbage dump	အမှိုက်ပုံ	ahmai' poun
phone booth	တယ်လီဖုန်းဆက်ရန်နေရာ	te li hpoun: ze' jan nei ja
lamppost	လမ်းမီး	lan: mi:
bench (park ~)	ခုံတန်းရှည်	khoun dan: shei
police officer	ရဲ	je:
police	ရဲ	je:
beggar	သူတောင်းစား	thu daun: za:
homeless (n)	အိမ်ယာမဲ့	ein ja me.

54. Urban institutions

store	ဆိုင်	hsain
drugstore, pharmacy	ဆေးဆိုင်	hsei: zain
eyeglass store	မျက်မှန်ဆိုင်	mje' hman zain
shopping mall	ဈေးဝင်စင်တာ	zei: wun zin da
supermarket	ကုန်တိုက်ကြီး	koun dou' kji:
bakery	မုန့်တိုက်	moun. dai'
baker	ပေါင်မုန့်ဖုတ်သူ	paun moun. bou' dhu
pastry shop	မုန့်ဆိုင်	moun. zain
grocery store	ကုန်စုံဆိုင်	koun zoun zain
butcher shop	အသားဆိုင်	atha: ain
produce store	ဟင်းသီးဟင်းရွက်ဆိုင်	hin: dhi: hin: jwe' hsain
market	ဈေး	zei:
coffee house	ကော်ဖီဆိုင်	ko hpi zain
restaurant	စားသောက်ဆိုင်	sa: thau' hsain

English	Burmese	Pronunciation
pub, bar	ဘီယာဆိုင်	bi ja zain:
pizzeria	ပီဇာမုန့်ဆိုင်	pi za moun. zain
hair salon	ဆံပင်ညှပ်ဆိုင်	zain hnja' hsain
post office	စာတိုက်	sa dai'
dry cleaners	အဝတ်အခြောက်လျှော် လုပ်ငန်း	awu' achou' hlo: lou' ngan:
photo studio	ဓာတ်ပုံရိုက်ခန်း	da' poun jai' khan:
shoe store	ဖိနပ်ဆိုင်	hpana' sain
bookstore	စာအုပ်ဆိုင်	sa ou' hsain
sporting goods store	အားကစားပစ္စည်းဆိုင်	a: gaza: pji' si: zain
clothes repair shop	စက်ပြင်ဆိုင်	se' pjin zain
formal wear rental	ဝတ်စုံအငှားဆိုင်	wa' zoun ahnga: zain
video rental store	အခွေငှားဆိုင်	akhwei hnga: zain:
circus	ဆပ်ကပ်	hsa' ka'
zoo	တိရစ္ဆာန်ဥယျာဉ်	tharei' hsan u. jin
movie theater	ရုပ်ရှင်ရုံ	jou' shin joun
museum	ပြတိုက်	pja. dai'
library	စာကြည့်တိုက်	sa gji. dai'
theater	ကဇာတ်ရုံ	ka. za' joun
opera (opera house)	အော်ပရာဇာတ်ရုံ	o pa ra za' joun
nightclub	နိုက်ကလပ်	nai' ka. la'
casino	လောင်းကစားရုံ	laun: gaza: joun
mosque	ဗလီ	bali
synagogue	ရှူးဒီဘုရား ရှိခိုးကျောင်း	ja. hu di bu. ja: shi. gou: gjaun:
cathedral	ဘုရားရှိခိုးကျောင်းတော်	hpaja: gjaun: do:
temple	ဘုရားကျောင်း	hpaja: gjaun:
church	ဘုရားကျောင်း	hpaja: gjaun:
college	တက္ကသိုလ်	te' kathou
university	တက္ကသိုလ်	te' kathou
school	စာသင်ကျောင်း	sa dhin gjaun:
prefecture	စီရင်စုနယ်	si jin zu. ne
city hall	မြို့တော်ခန်းမ	mjou. do gan: ma.
hotel	ဟိုတယ်	hou te
bank	ဘဏ်	ban
embassy	သံရုံး	than joun:
travel agency	ခရီးသွားလုပ်ငန်း	khaji: thwa: lou' ngan:
information office	သတင်းအချက်အလက်ဌာန	dhadin: akje' ale' hta. na.
currency exchange	ငွေလဲရန်နေရာ	ngwei le: jan nei ja
subway	မြေအောက်ဥမင်လမ်း	mjei au' u. min lan:
hospital	ဆေးရုံ	hsei: joun
gas station	ဆီဆိုင်	hsi: zain
parking lot	ကားပါကင်	ka: pa kin

55. Signs

signboard (store sign, etc.)	ဆိုင်းဘုတ်	hsain: bou'
notice (door sign, etc.)	သတိပေးစာ	dhadi. pei: za
poster	ပိုစတာ	pou sata
direction sign	လမ်းညွှန်	lan: hnjun
arrow (sign)	လမ်းညွှန်မြှား	lan: hnjun hmja:
caution	သတိပေးခြင်း	dhadi. pei: gjin:
warning sign	သတိပေးချက်	dhadi. pei: gje'
to warn (vt)	သတိပေးသည်	dhadi. pei: de
rest day (weekly ~)	ရုံးပိတ်ရက်	joun: bei' je'
timetable (schedule)	အချိန်ဇယား	achein zaja:
opening hours	ဖွင့်ချိန်	hpwin. gjin
WELCOME!	ကြိုဆိုပါသည်	kjou hsou ba de
ENTRANCE	ဝင်ပေါက်	win bau'
EXIT	ထွက်ပေါက်	htwe' pau'
PUSH	တွန်းသည်	tun: de
PULL	ဆွဲသည်	hswe: de
OPEN	ဖွင့်သည်	hpwin. de
CLOSED	ပိတ်သည်	pei' te
WOMEN	အမျိုးသမီးသုံး	amjou: dhami: dhoun:
MEN	အမျိုးသားသုံး	amjou: dha: dhoun:
DISCOUNTS	လျှော့ဈေး	sho. zei:
SALE	လျှော့ဈေး	sho. zei:
NEW!	အသစ်	athi'
FREE	အခမဲ့	akha me.
ATTENTION!	သတိ	thadi.
NO VACANCIES	အလွတ်မရှိ	alu' ma shi.
RESERVED	ကြိုတင်မှာယူထားပြီး	kjou tin hma ju da: bji:
ADMINISTRATION	စီမံအုပ်ချုပ်ခြင်း	si man ou' chou' chin:
STAFF ONLY	အမှုထမ်းအတွက်အသာ	ahmu. htan: atwe' atha
BEWARE OF THE DOG!	ခွေးကိုက်တတ်သည်	khwei: kai' ta' te
NO SMOKING	ဆေးလိပ်မသောက်ရ	hsei: lei' ma. dhau' ja.
DO NOT TOUCH!	မထိရ	ma. di. ja.
DANGEROUS	အန္တရာယ်ရှိသည်	an dare shi. de.
DANGER	အန္တရာယ်	an dare
HIGH VOLTAGE	ဗို့အားပြင်း	bou. a: bjin:
NO SWIMMING!	ရေမကူးရ	jei ma. gu: ja.
OUT OF ORDER	ပျက်နေသည်	pje' nei de
FLAMMABLE	မီးလောင်တတ်သည်	mi: laun da' te
FORBIDDEN	တားမြစ်သည်	ta: mji' te

NO TRESPASSING! မကျူးကျော်ရ ma. gju: gjo ja
WET PAINT ဆေးမခြောက်သေး hsei: ma. gjau' dhei:

56. Urban transportation

bus	ဘတ်စ်ကား	ba's ka:
streetcar	ဓာတ်ရထား	da' ja hta:
trolley bus	ဓာတ်ကား	da' ka:
route (of bus, etc.)	လမ်းကြောင်း	lan: gjaun:
number (e.g., bus ~)	ကားနံပါတ်	ka: nan ba'

to go by ...	ယဉ်စီးသည်	jin zi: de
to get on (~ the bus)	ထိုင်သည်	htain de
to get off ...	ကားပေါ်မှဆင်းသည်	ka: bo hma. zin: de

stop (e.g., bus ~)	မှတ်တိုင်	hma' tain
next stop	နောက်မှတ်တိုင်	nau' hma' tain
terminus	အဆုံးမှတ်တိုင်	ahsoun: hma' tain
schedule	အချိန်ဇယား	achein zaja:
to wait (vt)	စောင့်သည်	saun. de

ticket	လက်မှတ်	le' hma'
fare	ယဉ်စီးခ	jin zi: ga.

cashier (ticket seller)	ငွေကိုင်	ngwei gain
ticket inspection	လက်မှတ်စစ်ဆေးခြင်း	le' hma' ti' hsei: chin
ticket inspector	လက်မှတ်စစ်ဆေးသူ	le' hma' ti' hsei: dhu:

to be late (for ...)	နောက်ကျသည်	nau' kja. de
to miss (~ the train, etc.)	ကားနောက်ကျသည်	ka: nau' kja de
to be in a hurry	အမြန်လုပ်သည်	aman lou' de

taxi, cab	တက္ကစီ	te' kasi
taxi driver	တက္ကစီမောင်းသူ	te' kasi maun: dhu
by taxi	တက္ကစီဖြင့်	te' kasi hpjin.
taxi stand	တက္ကစီစုရပ်	te' kasi zu. ja'
to call a taxi	တက္ကစီခေါ်သည်	te' kasi go de
to take a taxi	တက္ကစီငှါးသည်	te' kasi hnga: de

traffic	ယာဉ်အသွားအလာ	jin athwa: ala
traffic jam	ယာဉ်ကြောပိတ်ဆို့မှု	jin gjo: bei' hsou. hmu.
rush hour	အလုပ်ဆင်းချိန်	alou' hsin: gjain
to park (vi)	ယာဉ်ရပ်နားရန်နေရာယူသည်	jin ja' na: jan nei ja ju de
to park (vt)	ကားအားပါကင်ထိုးသည်	ka: a: pa kin dou: de
parking lot	ပါကင်	pa gin

subway	မြေအောက်ဥမင်လမ်း	mjei au' u. min lan:
station	ဘူတာရုံ	bu da joun
to take the subway	မြေအောက်ရထား ဖြင့်သွားသည်	mjei au' ja. da: bjin. dhwa: de

| train | ရထား | jatha: |
| train station | ရထားဘူတာရုံ | jatha: buda joun |

57. Sightseeing

monument	ရုပ်တု	jou' tu.
fortress	ခံတပ်ကြီး	khwan da' kji:
palace	နန်းတော်	nan do
castle	ရဲတိုက်	je: dai'
tower	မျှော်စင်	hmjo zin
mausoleum	ဂူဗိမာန်	gu bi. man

architecture	ဗိသုကာပညာ	bi. thu. ka pjin nja
medieval (adj)	အလယ်ခေတ်နှင့်ဆိုင်သော	ale khei' hnin. zain de.
ancient (adj)	ရှေးကျသော	shei: gja. de
national (adj)	အမျိုးသားနှင့်ဆိုင်သော	amjou: dha: hnin. zain de.
famous (monument, etc.)	နာမည်ကြီးသော	na me gji: de.

tourist	ကမ္ဘာလှည့်ခရီးသည်	ga ba hli. kha. ji: de
guide (person)	လမ်းညွှန်	lan: hnjun
excursion, sightseeing tour	လေ့လာရေးခရီး	lei. la jei: gaji:
to show (vt)	ပြသည်	pja. de
to tell (vt)	ပြောပြသည်	pjo: bja. de

to find (vt)	ရှာတွေ့သည်	sha dwei. de
to get lost (lose one's way)	ပျောက်သည်	pjau' te
map (e.g., subway ~)	မြေပုံ	mjei boun
map (e.g., city ~)	မြေပုံ	mjei boun

souvenir, gift	အမှတ်တရလက်ဆောင်ပစ္စည်း	ahma' ta ra le' hsaun pji' si:
gift shop	လက်ဆောင်ပစ္စည်းဆိုင်	le' hsaun pji' si: zain
to take pictures	ဓာတ်ပုံရိုက်သည်	da' poun jai' te
to have one's picture taken	ဓာတ်ပုံရိုက်သည်	da' poun jai' te

58. Shopping

to buy (purchase)	ဝယ်သည်	we de
purchase	ဝယ်စရာ	we zaja
to go shopping	ဈေးဝယ်ထွက်ခြင်း	zei: we htwe' chin:
shopping	ရှော့ပင်း	sho. bin:

| to be open (ab. store) | ဆိုင်ဖွင့်သည် | hsain bwin. de |
| to be closed | ဆိုင်ပိတ်သည် | hseun bi' te |

footwear, shoes	ဖိနပ်	hpana'
clothes, clothing	အဝတ်အစား	awu' aza:
cosmetics	အလှကုန်ပစ္စည်း	ahla. koun pji' si:
food products	စားသောက်ကုန်	sa: thau' koun

English	Burmese	Pronunciation
gift, present	လက်ဆောင်	le' hsaun
salesman	ရောင်းသူ	jaun: dhu
saleswoman	ရောင်းသူ	jaun: dhu
check out, cash desk	ငွေရှင်းရန်နေရာ	ngwei shin: jan nei ja
mirror	မှန်	hman
counter (store ~)	ကောင်တာ	kaun da
fitting room	အဝတ်လဲခန်း	awu' le: gan:
to try on	တိုင်းကြည့်သည်	tain: dhi. de
to fit (ab. dress, etc.)	သင့်တော်သည်	thin. do de
to like (I like …)	ကြိုက်သည်	kjai' de
price	ဈေးနှုန်း	zei: hnan:
price tag	ဈေးနှုန်းကတ်ပြား	zei: hnan: ka' pja:
to cost (vt)	ကုန်ကျသည်	koun mja. de
How much?	ဘယ်လောက်လဲ	be lau' le:
discount	လျှော့ဈေး	sho. zei:
inexpensive (adj)	ဈေးမကြီးသော	zei: ma. kji: de.
cheap (adj)	ဈေးပေါသော	zei: po: de.
expensive (adj)	ဈေးကြီးသော	zei: kji: de.
It's expensive	ဒါဈေးကြီးတယ်	da zei: gji: de
rental (n)	ငှားရမ်းခြင်း	hna: jan: chin:
to rent (~ a tuxedo)	ငှားရမ်းသည်	hna: jan: de
credit (trade credit)	အကြွေးစနစ်	akjwei: sani'
on credit (adv)	အကြွေးစနစ်ဖြင့်	akjwei: sa ni' hpjin.

59. Money

English	Burmese	Pronunciation
money	ပိုက်ဆံ	pai' hsan
currency exchange	လဲလှယ်ခြင်း	le: hle gjin:
exchange rate	ငွေလဲနှုန်း	ngwei le: hnan:
ATM	အလိုအလျောက်ငွေထုတ်စက်	alou aljau' ngwei htou' se'
coin	အကြွေစေ့	akjwei zei.
dollar	ဒေါ်လာ	do la
euro	ယူရို	ju rou
lira	အီတလီ လိုင်ရာငွေ	ita. li lain ja ngwei
Deutschmark	ဂျာမန်မတ်ငွေ	gja man ma' ngwei
franc	ဖရန့်	hpa. jan.
pound sterling	စတာလင်ပေါင်	sata lin baun
yen	ယန်း	jan:
debt	အကြွေး	akjwei:
debtor	မြီစား	mji za:
to lend (money)	ချေးသည်	chei: de
to borrow (vi, vt)	အကြွေးယူသည်	akjwei: ju de

bank	ဘဏ်	ban
account	ငွေစာရင်း	ngwei za jin:
to deposit (vt)	ထည့်သည်	hte de.
to deposit into the account	ငွေသွင်းသည်	ngwei dhwin: de
to withdraw (vt)	ငွေထုတ်သည်	ngwei dou' te
credit card	အကြွေးဝယ်ကဒ်ပြား	akjwei: we ka' pja
cash	လက်ငင်း	le' ngin:
check	ချက်	che'
to write a check	ချက်ရေးသည်	che' jei de
checkbook	ချက်စာအုပ်	che' sa ou'
wallet	ပိုက်ဆံအိတ်	pai' hsan ei'
change purse	ပိုက်ဆံအိတ်	pai' hsan ei'
safe	မီးခံသေတ္တာ	mi: gan dhi' ta
heir	အမွေစား အမွေခံ	amwei za: amwei gan
inheritance	အမွေဆက်ခံခြင်း	amwei ze' khan gjin:
fortune (wealth)	အခွင့်အလမ်း	akhwin. alan:
lease	အိမ်ငှား	ein hnga:
rent (money)	အခန်းငှားခ	akhan: hnga: ga
to rent (sth from sb)	ငှားသည်	hnga: de
price	ဈေးနှုန်း	zei: hnan:
cost	ကုန်ကျစရိတ်	koun gja. za. ji'
sum	ပေါင်းလဒ်	paun: la'
to spend (vt)	သုံးစွဲသည်	thoun: zwe: de
expenses	စရိတ်စက	zaei' zaga.
to economize (vi, vt)	ချွေတာသည်	chwei da de
economical	တွက်ခြေကိုက်သော	twe' chei kai' te.
to pay (vi, vt)	ပေးချေသည်	pei: gjei de
payment	ပေးချေသည့်ငွေ	pei: gjei de. ngwei
change (give the ~)	ပြန်အမ်းငွေ	pjan an: ngwe
tax	အခွန်	akhun
fine	ဒဏ်ငွေ	dan ngwei
to fine (vt)	ဒဏ်ရိုက်သည်	dan jai' de

60. Post. Postal service

post office	စာတိုက်	sa dai'
mail (letters, etc.)	မေးလ်	mei: l
mailman	စာပို့သမား	sa bou. dhama:
opening hours	ဖွင့်ချိန်	hpwin. gjin
letter	စာ	sa
registered letter	မှတ်ပုံတင်ပြီးသောစာ	hma' poun din bji: dho: za:

postcard	ပို့စကတ်	pou. sa. ka'
telegram	ကြေးနန်း	kjei: nan:
package (parcel)	ပါဆယ်	pa ze
money transfer	ငွေလွှဲခြင်း	ngwei hlwe: gjin:
to receive (vt)	လက်ခံရရှိသည်	le' khan ja. shi. de
to send (vt)	ပို့သည်	pou. de
sending	ပို့ခြင်း	pou. gjin:
address	လိပ်စာ	lei' sa
ZIP code	စာပို့သင်္ကေတ	sa bou dhin kei ta.
sender	ပို့သူ	pou. dhu
receiver	လက်ခံသူ	le' khan dhu
name (first name)	အမည်	amji
surname (last name)	မိသားစု မျိုး ရိုးနာမည်	mi. dha: zu. mjou: jou: na mji
postage rate	စာပို့ခ နှုန်းထား	sa bou. kha. hnan: da:
standard (adj)	စံနှုန်းသတ်မှတ် ထားသော	san hnoun: dha' hma' hta de.
economical (adj)	ကုန်ကျငွေသက် သာသော	koun gja ngwe dhe' dha de.
weight	အလေးချိန်	alei: gjein
to weigh (~ letters)	ချိန်သည်	chein de
envelope	စာအိတ်	sa ei'
postage stamp	တံဆိပ်ခေါင်း	da zei' khaun:
to stamp an envelope	တံဆိပ်ခေါင်းကပ်သည်	da zei' khaun: ka' te

Dwelling. House. Home

61. House. Electricity

electricity	လျှပ်စစ်ဓာတ်အား	hlja' si' da' a:
light bulb	မီးသီး	mi: dhi:
switch	ခလုတ်	khalou'
fuse (plug fuse)	ဖျူးစ်	hpju: s
cable, wire (electric ~)	ဝိုင်ယာကြိုး	wain ja gjou:
wiring	လျှပ်စစ်ကြိုးသွယ်တန်းမှု	hlja' si' kjou: dhwe dan: hmu
electricity meter	လျှပ်စစ်မီတာ	hlja' si' si da
readings	ပြသောပမာဏ	pja. dho: ba ma na.

62. Villa. Mansion

country house	တောအိမ်	to: ein
villa (seaside ~)	ကမ်းခြေအပန်းဖြေအိမ်	kan: gjei apan: hpjei ein
wing (~ of a building)	တံစက်မြိတ်	toun ze' mei'
garden	ဥယျာဉ်	u. jin
park	ပန်းခြံ	pan: gjan
conservatory (greenhouse)	ဖန်လုံအိမ်	hpan ain
to look after (garden, etc.)	ပြုစုစောင့်ရှောက်သည်	pju. zu. zaun. shau' te
swimming pool	ရေကူးကန်	jei ku: gan
gym (home gym)	အိမ်တွင်း ကျန်းမာရေးလေ့ကျင့်ခန်းရှိ	ein dwin: gjan: ma jei: lei. gjin. joun
tennis court	တင်းနစ်ကွင်း	tin: ni' kwin:
home theater (room)	အိမ်တွင်း ရုပ်ရှင်ရုံ	ein dwin: jou' shin joun
garage	ဂိုဒေါင်	gou daun
private property	တစ်ဦးပုဂ္ဂလိကပိုင်ဆိုင်မြေပစ္စည်း	tadhi: pou' ga li ka. bain: zain mjei pji' si:
private land	တစ်ဦးပုဂ္ဂလိကပိုင်ယမြေ	tadhi: pou' ga li ka. bain: mjei
warning (caution)	သတိပေးချက်	dhadi. pei: gje'
warning sign	သတိပေးဆိုင်းဘုတ်	dhadi. pei: zain: bou'
security	လုံခြုံရေး	loun gjoun jei:
security guard	လုံခြုံရေးအစောင့်	loun gjoun jei: asaun.
burglar alarm	သူခိုးလှန့်ခေါင်းလောင်း	thu khou: hlan. khaun: laun:

63. Apartment

apartment	တိုက်ခန်း	tai' khan:
room	အခန်း	akhan:
bedroom	အိပ်ခန်း	ei' khan:
dining room	ထမင်းစားခန်း	htamin: za: gan:
living room	ဧည့်ခန်း	e. gan:
study (home office)	အိမ်တွင်းရုံးခန်းလေး	ein dwin: joun: gan: lei:
entry room	ဝင်ပေါက်	win bau'
bathroom (room with a bath or shower)	ရေချိုးခန်း	jei gjou gan:
half bath	အိမ်သာ	ein dha
ceiling	မျက်နှာကြက်	mje' hna gje'
floor	ကြမ်းပြင်	kan: pjin
corner	ထောင့်	htaun.

64. Furniture. Interior

furniture	ပရိဘောဂ	pa ri. bo: ga.
table	စားပွဲ	sa: bwe:
chair	ကုလားထိုင်	kala: dain
bed	ကုတင်	ku din
couch, sofa	ဆိုဖာ	hsou hpa
armchair	လက်တင်ပါသောကုလားထိုင်	le' tin ba dho: ku. la: dain
bookcase	စာအုပ်စင်	sa ou' sin
shelf	စင်	sin
wardrobe	ဗီဒို	bi jou
coat rack (wall-mounted ~)	နံရံကပ်အဝတ်ချိတ်စင်	nan jan ga' awu' gei' zin
coat stand	အဝတ်ချိတ်စင်	awu' gjei' sin
bureau, dresser	အံဆွဲပါ မှန်တင်ခုံ	an. zwe: pa hman din khoun
coffee table	စားပွဲပု	sa: bwe: bu.
mirror	မှန်	hman
carpet	ကော်ဇော	ko zo:
rug, small carpet	ကော်ဇော	ko zo:
fireplace	မီးလင်းဖို	mi: lin: bou
candle	ဖယောင်းတိုင်	hpa. jaun dain
candlestick	ဖယောင်းတိုင်စိုက်သောတိုင်	hpa. jaun dain zou' tho dain
drapes	ခန်းဆီးရှည်	khan: zi: shei
wallpaper	နံရံကပ်စက္ကူ	nan jan ga' se' ku

blinds (jalousie)	ယင်းလိပ်	jin: lei'
table lamp	စားပွဲတင်မီးအိမ်	sa: bwe: din mi: ein
wall lamp (sconce)	နံရံကပ်မီး	nan jan ga' mi:
floor lamp	မတ်တပ်မီးစလောင်း	ma' ta' mi: za. laun:
chandelier	မီးပန်းဆိုင်း	mi: ban: zain:
leg (of chair, table)	ခြေထောက်	chei htau'
armrest	လက်တန်း	le' tan:
back (backrest)	နောက်မှီ	nau' mi
drawer	အံဆွဲ	an. zwe:

65. Bedding

bedclothes	အိပ်ရာခင်းများ	ei' ja khin: mja:
pillow	ခေါင်းအုံး	gaun: oun:
pillowcase	ခေါင်းစွပ်	gaun: zu'
duvet, comforter	စောင်	saun
sheet	အိပ်ရာခင်း	ei' ja khin:
bedspread	အိပ်ရာဖုံး	ei' ja hpoun:

66. Kitchen

kitchen	မီးဖိုခန်း	mi: bou gan:
gas	ဓာတ်ငွေ့	da' ngwei.
gas stove (range)	ဂတ်စ်မီးဖို	ga' s mi: bou
electric stove	လျှပ်စစ်မီးဖို	hlja' si: si: bou
oven	မုန့်ဖုတ်ရန်ဖို	moun. bou' jan bou
microwave oven	မိုက်ခရိုဝေ့ဗ်	mou' kha. jou wei. b
refrigerator	ရေခဲသေတ္တာ	je ge: dhi' ta
freezer	ရေခဲခန်း	jei ge: gan:
dishwasher	ပန်းကန်ဆေးစက်	bagan: zei: ze'
meat grinder	အသားကြိတ်စက်	atha: kjei' za'
juicer	အသီးဖျော်စက်	athi: hpjo ze'
toaster	ပေါင်မုန့်ကင်စက်	paun moun. gin ze'
mixer	မွှေစက်	hmwei ze'
coffee machine	ကော်ဖီဖျော်စက်	ko hpi hpjo ze'
coffee pot	ကော်ဖီအိုး	ko hpi ou:
coffee grinder	ကော်ဖီကြိတ်စက်	ko hpi kjei ze'
kettle	ရေနွေးကရားအိုး	jei nwei: gaja: ou:
teapot	လက်ဘက်ရည်အိုး	le' be' ji ou:
lid	အိုးအဖုံး	ou: ahpoun:
tea strainer	လက်ဖက်ရည်စစ်	le' hpe' ji zi'
spoon	ဇွန်း	zun:
teaspoon	လက်ဖက်ရည်ဇွန်း	le' hpe' ji zwan:

English	Burmese	Pronunciation
soup spoon	အရည်သောက်ဇွန်း	aja: dhau' zun:
fork	ခက်ရင်း	khajin:
knife	ဓား	da:
tableware (dishes)	အိုးခွက်ပန်းကန်	ou: kwe' pan: gan
plate (dinner ~)	ပန်းကန်ပြား	bagan: bja:
saucer	အောက်ခံပန်းကန်ပြား	au' khan ban: kan pja:
shot glass	ဖန်ခွက်	hpan gwe'
glass (tumbler)	ဖန်ခွက်	hpan gwe'
cup	ခွက်	khwe'
sugar bowl	သကြားခွက်	dhagja: khwe'
salt shaker	ဆားဘူး	hsa: bu:
pepper shaker	ငြုပ်ကောင်းဘူး	njou' kaun: bu:
butter dish	ထောပတ်ခွက်	hto: ba' khwe'
stock pot (soup pot)	ပေါင်းအိုး	paun: ou:
frying pan (skillet)	ဟင်းကြော်အိုး	hin: gjo ou:
ladle	ဟင်းခပ်ဇွန်း	hin: ga' zun
colander	ဆန်ခါ	zaga
tray (serving ~)	လင်ပန်း	lin ban:
bottle	ပုလင်း	palin:
jar (glass)	ဖန်ဘူး	hpan bu:
can	သံဘူး	than bu:
bottle opener	ပုလင်းဖောက်တံ	pu. lin: bau' tan
can opener	သံဘူးဖောက်တံ	than bu: bau' tan
corkscrew	ဝက်အူဖောက်တံ	we' u bau' dan
filter	ရေစစ်	jei zi'
to filter (vt)	စစ်သည်	si' te
trash, garbage (food waste, etc.)	အမှိုက်	ahmai'
trash can (kitchen ~)	အမှိုက်ပုံး	ahmai' poun:

67. Bathroom

English	Burmese	Pronunciation
bathroom	ရေချိုးခန်း	jei gjou gan:
water	ရေ	jei
faucet	ရေပိုက်ခေါင်း	jei bai' khaun:
hot water	ရေပူ	jei bu
cold water	ရေအေး	jei ei:
toothpaste	သွားတိုက်ဆေး	thwa: tai' hsei:
to brush one's teeth	သွားတိုက်သည်	thwa: tai' te
toothbrush	သွားတိုက်တံ	thwa: tai' tan
to shave (vi)	ရိတ်သည်	jei' te
shaving foam	မုတ်ဆိတ်ရိတ်သုံး ဆပ်ပြာမှုပ်	mou' hsei' jei' thoun: za' pja hmjou'

razor	သင်တုန်းဓား	thin toun: da:
to wash (one's hands, etc.)	ဆေးသည်	hsei: de
to take a bath	ရေချိုးသည်	jei gjou: de
shower	ရေပန်း	jei ban:
to take a shower	ရေချိုးသည်	jei gjou: de
bathtub	ရေချိုးကန်	jei gjou: gan
toilet (toilet bowl)	အိမ်သာ	ein dha
sink (washbasin)	လက်ဆေးကန်	le' hsei: kan
soap	ဆပ်ပြာ	hsa' pja
soap dish	ဆပ်ပြာခွက်	hsa' pja gwe'
sponge	ရေမြှုပ်	jei hmjou'
shampoo	ခေါင်းလျှော်ရည်	gaun: sho je
towel	တဘက်	tabe'
bathrobe	ရေချိုးခန်းဝတ်စုံ	jei gjou: gan: wu' soun
laundry (laundering)	အဝတ်လျှော်ခြင်း	awu' sho gjin
washing machine	အဝတ်လျှော်စက်	awu' sho ze'
to do the laundry	ဒိဘီလျှော်သည်	dou bi jo de
laundry detergent	အဝတ်လျှော်ဆပ်ပြာမှုန့်	awu' sho hsa' pja hmun.

68. Household appliances

TV set	ရုပ်မြင်သံကြားစက်	jou' mjin dhan gja: ze'
tape recorder	အသံသွင်းစက်	athan dhwin: za'
VCR (video recorder)	ဗီဒီယိုပြစက်	bi di jou bja. ze'
radio	ရေဒီယို	rei di jou
player (CD, MP3, etc.)	ပလေယာစက်	pa. lei ja ze'
video projector	ဗီဒီယိုပရိုဂျက်တာ	bi di jou pa. jou gje' da
home movie theater	အိမ်တွင်းရုပ်ရှင်ခန်း	ein dwin: jou' shin gan:
DVD player	ဒီဗီဒီပလေယာ	di bi di ba lei ja
amplifier	အသံချဲ့စက်	athan che. zek
video game console	ဂိမ်းခလုတ်	gein: kha lou'
video camera	ဗွီဒီယိုကင်မရာ	bwi di jou kin ma. ja
camera (photo)	ကင်မရာ	kin ma. ja
digital camera	ဒီဂျစ်တယ်ကင်မရာ	digji' te gin ma. ja
vacuum cleaner	ဖုန်စုပ်စက်	hpoun zou' se'
iron (e.g., steam ~)	မီးပူ	mi: bu
ironing board	မီးပူတိုက်ရန်စင်	mi: bu tai' jan zin
telephone	တယ်လီဖုန်း	te li hpoun:
cell phone	မိုဘိုင်းဖုန်း	mou bain: hpoun:
typewriter	လက်နှိပ်စက်	le' hnei' se'
sewing machine	အပ်ချုပ်စက်	a' chou' se'
microphone	စကားပြောခွက်	zaga: bjo: gwe'

headphones	နားကြပ်	na: kja'
remote control (TV)	အဝေးထိန်းကိရိယာ	awei: htin: ki. ja. ja
CD, compact disc	စီဒီပြား	si di bja:
cassette, tape	တိပ်ခွေ	tei' khwei
vinyl record	ရေးစောတ်သုံးဓာတ်ပြား	shei: gi' thoun da' pja:

HUMAN ACTIVITIES

Job. Business. Part 1

69. Office. Working in the office

English	Burmese	Transliteration
office (company ~)	ရုံး	joun:
office (of director, etc.)	ရုံးခန်း	joun: gan:
reception desk	ကြိုဆိုလက်ခံရာနေရာ	kjou hsou le' khan ja nei ja
secretary	အတွင်းရေးမှူး	atwin: jei: hmu:
secretary (fem.)	အတွင်းရေးမှူးမ	atwin: jei: hmu: ma
director	ဒါရိုက်တာ	da je' ta
manager	မန်နေဂျာ	man nei gji
accountant	စာရင်းကိုင်	sajin: gain
employee	ဝန်ထမ်း	wun dan:
furniture	ပရိဘောဂ	pa ri. bo: ga.
desk	စားပွဲ	sa: bwe:
desk chair	အလုပ်ထိုင်ခုံ	alou' htain goun
drawer unit	အံဆွဲပါသောပရိဘောဂအစုံ	an. zwe: dho: pa. ji. bo: ga. soun
coat stand	ကုတ်အင်္ကျီချိတ်စင်	kou' akji gji' sin
computer	ကွန်ပျူတာ	kun pju ta
printer	ပုံနှိပ်စက်	poun nei' se'
fax machine	ဖက်စ်ကူးစက်	hpe's ku: ze'
photocopier	ဓာတ်ပုံကူးစက်	da' poun gu: ze'
paper	စက္ကူ	se' ku
office supplies	ရုံးသုံးကိရိယာများ	joun: dhoun: gi. ji. ja mja:
mouse pad	မောက်စ်အောက်ခံပြား	mau's au' gan bja:
sheet (of paper)	အရွက်	ajwa'
binder	ဖိုင်	hpain
catalog	စာရင်း	sajin:
phone directory	ဖုန်းလမ်းညွှန်	hpoun: lan: hnjun
documentation	မှတ်တမ်းတင်ခြင်း	hma' tan: din gjin:
brochure (e.g., 12 pages ~)	ကြော်ငြာစာစောင်	kjo nja za zaun
leaflet (promotional ~)	လက်ကမ်းစာစောင်	le' kan: za zaun
sample	နမူနာ	na. mu na
training meeting	လေ့ကျင့်ရေးအစည်းအဝေး	lei. kjin. jei: asi: awei:
meeting (of managers)	အစည်းအဝေး	asi: awei:

lunch time	နေ့လည်စာစားချိန်	nei. le za za: gjein
to make a copy	မိတ္တူကူးသည်	mi' tu gu: de
to make multiple copies	မိတ္တူကူးသည်	mi' tu gu: de
to receive a fax	ဖက်စ်လက်ခံရရှိသည်	hpe's le' khan ja. shi. de
to send a fax	ဖက်စ်ပို့သည်	hpe's pou. de
to call (by phone)	ဖုန်းဆက်သည်	hpoun: ze' te
to answer (vt)	ဖြေသည်	hpjei de
to put through	ဆက်သွယ်သည်	hse' thwe de
to arrange, to set up	စီစဉ်သည်	si zin de
to demonstrate (vt)	သရုပ်ပြသည်	thajou' pja. de
to be absent	ပျက်ကွက်သည်	pje' kwe' te
absence	ပျက်ကွက်ခြင်း	pje' kwe' chin

70. Business processes. Part 1

business	လုပ်ငန်း	lou' ngan:
occupation	လုပ်ဆောင်မှု	lou' hsaun hmu.
firm	စီးပွားရေးလုပ်ငန်း	si: bwa: jei: lou' ngan:
company	ကုမ္ပဏီ	koun pani
corporation	ကော်ပိုရေးရှင်း	ko bou jei: shin:
enterprise	စီးပွားရေးလုပ်ငန်း	si: bwa: jei: lou' ngan:
agency	ကိုယ်စားလှယ်လုပ်ငန်း	kou za: hle lou' ngan:
agreement (contract)	သဘောတူညီမှုစာချုပ်	dhabo: tu nji hmu. za gjou'
contract	ကန်ထရိုက်	kan ta jou'
deal	အပေးအယူ	apei: aju
order (to place an ~)	ကြိုတင်မှာယူခြင်း	kjou din hma ju chin:
terms (of the contract)	စည်းကမ်းချက်	si: kan: gje'
wholesale (adv)	လက်ကား	le' ka:
wholesale (adj)	လက်ကားဖြစ်သော	le' ka: bji' te.
wholesale (n)	လက်ကားရောင်းချမှု	le' ka: jaun: gja. hmu.
retail (adj)	လက်လီစနစ်	le' li za. ni'
retail (n)	လက်လီရောင်းချမှု	le' li jaun: gja. hmu.
competitor	ပြိုင်ဘက်	pjain be'
competition	ပြိုင်ဆိုင်မှု	pjain zain hmu
to compete (vi)	ပြိုင်ဆိုင်သည်	pjain zain de
partner (associate)	စီးပွားဖက်	si: bwa: be'
partnership	စီးပွားဖက်ဖြစ်ခြင်း	si: bwa: be' bji' chin:
crisis	အခက်အခဲကာလ	akhe' akhe: ga la.
bankruptcy	ဒေဝါလီခံရခြင်း	dei wa li gan ja gjin
to go bankrupt	ဒေဝါလီခံသည်	dei wa li gan de
difficulty	အခက်အခဲ	akhe' akhe:
problem	ပြဿနာ	pjadhana

English	Burmese	Pronunciation
catastrophe	ကပ်ဘေး	ka' bei:
economy	စီးပွားရေး	si: bwa: jei:
economic (~ growth)	စီးပွားရေးနှင့်ဆိုင်သော	si: bwa: jei: hnin zain de.
economic recession	စီးပွားရေးကျဆင်းမှု	si: bwa: jei: gja zin: hmu.
goal (aim)	ပန်းတိုင်	pan: dain
task	လုပ်ငန်းတာဝန်	lou' ngan: da wan
to trade (vi)	ကုန်သွယ်သည်	koun dhwe de
network (distribution ~)	ကွန်ရက်	kun je'
inventory (stock)	ပစ္စည်းစာရင်း	pji' si: za jin:
range (assortment)	အပိုင်းအခြား	apain: acha:
leader (leading company)	ခေါင်းဆောင်	gaun: zaun
large (~ company)	ကြီးမားသော	kji: ma: de.
monopoly	တစ်ဦးတည်းချုပ်ကိုင်ထား	ti' u: te: gjou' kain da:
theory	သီအိုရီ	thi ou ji
practice	လက်တွေ့	le' twei.
experience (in my ~)	အတွေ့အကြုံ	atwei. akjoun
trend (tendency)	ဦးတည်ရာ	u: ti ja
development	ဖွံ့ဖြိုးတိုးတက်မှု	hpjun. bjou: dou: de' hmu.

71. Business processes. Part 2

English	Burmese	Pronunciation
profit (foregone ~)	အကျိုးအမြတ်	akjou: amja'
profitable (~ deal)	အကျိုးအမြတ်ရှိသော	akjou: amja' shi. de.
delegation (group)	ကိုယ်စားလှယ်အဖွဲ့	kou za: hle ahpwe.
salary	လစာ	la. za
to correct (an error)	အမှားပြင်သည်	ahma: pjin de
business trip	စီးပွားရေးခရီးစဉ်	si: bwa: jei: khaji: zin
commission	ကော်မရှင်	ko ma. shin
to control (vt)	ထိန်းချုပ်သည်	htein: gjou' te
conference	ဆွေးနွေးပွဲ	hswe: nwe: bwe:
license	လိုင်စင်	lain zin
reliable (~ partner)	ယုံကြည်စိတ်ချရသော	joun kji zei' cha. ja. de.
initiative (undertaking)	စတင်ခြင်း	sa. tin gjin:
norm (standard)	စံနှုန်း	san hnoun:
circumstance	အခြေအနေ	achei anei
duty (of employee)	တာဝန်	ta wun
organization (company)	အဖွဲ့အစည်း	ahpwe. asi:
organization (process)	စီစဉ်ခြင်း	si zin gjin:
organized (adj)	စီစဉ်ထားသော	si zin dha de.
cancellation	ပယ်ဖျက်ခြင်း	pe hpje' chin:
to cancel (call off)	ပယ်ဖျက်သည်	pe hpje' te
report (official ~)	အစီရင်ခံစာ	asi jin gan za

English	Burmese	Pronunciation
patent	မူပိုင်ခွင့်	mu bain gwin.
to patent (obtain patent)	မူပိုင်ခွင့်မှတ်ပုံတင်သည်	mu bain gwin. hma' poun din de
to plan (vt)	စီစဉ်သည်	si zin de
bonus (money)	အပိုဆုကြေး	apou zu. gjei:
professional (adj)	ပညာရှင်အဆင့်တတ်ကျွမ်းသော	pjin nja ahsin da' kjwan: de.
procedure	လုပ်ထုံးလုပ်နည်း	lou' htoun: lou' ne:
to examine (contract, etc.)	စည်းစားသည်	sin: za: de
calculation	တွက်ချက်ခြင်း	twe' che' chin:
reputation	ဂုဏ်သတင်း	goun dha din:
risk	စွန့်စားခြင်း	sun. za: gjin:
to manage, to run	ညွှန်ကြားသည်	hnjun gja: de
information (report)	သတင်းအချက်အလက်	dhadin: akje' ale'
property	ပိုင်ဆိုင်မှု	pain zain hmu
union	အသင်း	athin:
life insurance	အသက်အာမခံ	athe' ama. khan
to insure (vt)	အာမခံသည်	a ma. gan de
insurance	အာမခံ	a ma. khan
auction (~ sale)	လေလံပွဲ	lei lan bwe:
to notify (inform)	အကြောင်းကြားသည်	akjaun: kja: de
management (process)	အုပ်ချုပ်မှု	ou' chou' hmu.
service (~ industry)	ဝန်ဆောင်မှု	wun: zaun hmu.
forum	ဖိုရမ်	hpou jan
to function (vi)	လည်ပတ်သည်	le ba' te
stage (phase)	အဆင့်	ahsin.
legal (~ services)	ဥပဒေဆိုင်ရာ	u. ba. dei zain ja
lawyer (legal advisor)	ရှေ့နေ	shei. nei

72. Production. Works

English	Burmese	Pronunciation
plant	စက်ရုံ	se' joun
factory	အလုပ်ရုံ	alou' joun
workshop	ဝပ်ရှော့	wu' sho.
works, production site	ထုတ်လုပ်ရာလုပ်ငန်းခွင်	htou' lou' ja lou' ngan: gwin
industry (manufacturing)	စက်မှုလုပ်ငန်း	se' hmu. lou' ngan:
industrial (adj)	စက်မှုလုပ်ငန်းနှင့်ဆိုင်သော	se' hmu. lou' ngan: hnin. zain de.
heavy industry	အကြီးစားစက်မှုလုပ်ငန်း	akji: za: ze' hmu. lou' ngan:
light industry	အသေးစားစက်မှုလုပ်ငန်း	athei: za: za' hmu. lou' ngan:
products	ထုတ်ကုန်	htou' koun

English	Burmese	Pronunciation
to produce (vt)	ထုတ်လုပ်သည်	tou' lou' te
raw materials	ကုန်ကြမ်း	koun gjan:
foreman (construction ~)	အလုပ်သမားခေါင်း	alou' dha ma: gaun:
workers team (crew)	အလုပ်သမားအဖွဲ့	alou' dha ma: ahpwe.
worker	အလုပ်သမား	alou' dha ma:
working day	ရုံးဖွင့်ရက်	joun: hpwin je'
pause (rest break)	ရပ်နားခြင်း	ja' na: gjin:
meeting	အစည်းအဝေး	asi: awei:
to discuss (vt)	ဆွေးနွေးသည်	hswe: nwe: de
plan	အစီအစဉ်	asi asin
to fulfill the plan	အကောင်အထည်ဖော်သည်	akaun ahte bo de
rate of output	ကုန်ထုတ်နှုန်း	koun dou' hnan:
quality	အရည်အသွေး	aji athwei:
control (checking)	စစ်ဆေးခြင်း	si' hsei: gjin:
quality control	အရည်အသွေးစစ်ဆေးသုံးသပ်မှု	aji athwei: za' hsei: thon dha' hma
workplace safety	လုပ်ငန်းခွင်လုံခြုံမှု	lou' ngan: gwin loun gjun hmu.
discipline	စည်းကမ်း	si: kan:
violation (of safety rules, etc.)	ချိုးဖောက်ခြင်း	chou: hpau' chin:
to violate (rules)	ချိုးဖောက်သည်	chou: hpau' te
strike	သပိတ်မှောက်ခြင်း	thabei' hmau' chin:
striker	သပိတ်မှောက်သူ	thabei' hmau' thu
to be on strike	သပိတ်မှောက်သည်	thabei' hmau' te
labor union	အလုပ်သမားသမဂ္ဂ	alou' dha ma: dha. me' ga
to invent (machine, etc.)	တီထွင်သည်	ti htwin de
invention	တီထွင်မှု	ti htwin hmu.
research	သုတေသန	thu. tei thana
to improve (make better)	တိုးတက်ကောင်းမွန်စေသည်	tou: te' kaun: mun zei de
technology	နည်းပညာ	ne: bi nja
technical drawing	နည်းပညာဆိုင်ရာပုံကြမ်း	ne bi nja zain ja boun gjan:
load, cargo	ဝန်	wun
loader (person)	ကုန်ထမ်းသမား	koun din dhama:
to load (vehicle, etc.)	ကုန်တင်သည်	koun din de
loading (process)	ကုန်တင်ခြင်း	koun din gjin
to unload (vi, vt)	ကုန်ချသည်	koun gja de
unloading	ကုန်ချခြင်း	koun gja gjin:
transportation	သယ်ယူပို့ဆောင်ရေး	the ju bou. zaun jei:
transportation company	သယ်ယူပို့ဆောင်ရေးကုမ္ပဏီ	the ju bou. zaun jei: koun pa. ni
to transport (vt)	ပို့ဆောင်သည်	pou. zaun de
freight car	တွဲ	twe:
tank (e.g., oil ~)	တိုင်ကီ	tain ki

truck	ကုန်တင်ကား	koun din ka:
machine tool	ဖြတ်စက်	hpja' se'
mechanism	စက်ကိရိယာ	se' kari. ja
industrial waste	စက်ရှုပြန်ပစ်ပစ္စည်း	se' joun zun bi' pji' si:
packing (process)	ထုတ်ပိုးမှု	htou' pou: hmu.
to pack (vt)	ထုတ်ပိုးသည်	htou' pou: de

73. Contract. Agreement

contract	ကန်ထရိုက်	kan ta jou'
agreement	သဘောတူညီမှု	dhabo: tu nji hmu.
addendum	ပူးတွဲ	pu: twe:
to sign a contract	သဘောတူစာချုပ်ချုပ်သည်	dhabo: tu za gjou' gjou' te
signature	လက်မှတ်	le' hma'
to sign (vt)	လက်မှတ်ထိုးသည်	le' hma' htou: de
seal (stamp)	တံဆိပ်	da zei'
subject of the contract	သဘောတူညီမှု-အကြောင်းအရာ	dhabo: tu nji hmu. akjaun: aja
clause	အပိုဒ်ငယ်	apai' nge
parties (in contract)	စာချုပ်ပါအဖွဲ့များ	sa gjou' pa ahpwe. mja:
legal address	တရားဝင်နေရပ်လိပ်စာ	taja: win nei ja' lei' sa
to violate the contract	သဘောတူညီမှုချိုးဖောက်သည်	dhabo: tu nji hmu. gjou: bau' te
commitment (obligation)	အထူးသဖြင့်	a htu: dha. hjin.
responsibility	တာဝန်ဝတ္တရား	ta wun wu' taja:
force majeure	မလွန်ဆန်နိုင်သောအဖြစ်	ma. lun zan nain de. ahpji'
dispute	အငြင်းအခုံ	anjin: akhoun
penalties	ပြစ်ဒက်များ	pji' dan mja:

74. Import & Export

import	သွင်းကုန်	thwin: goun
importer	သွင်းကုန်လုပ်ငန်းရှင်	thwin: goun lou' ngan: shin
to import (vt)	တင်သွင်းသည်	tin dhwin: de
import (as adj.)	သွင်းကုန်နှင့်ဆိုင်သော	thwin: goun hnin. zain de.
export (exportation)	ပို့ကုန်	pou. goun
exporter	ပို့ကုန်လုပ်ငန်းရှင်	pou. goun lou' ngan: shin
to export (vi, vt)	ကုန်တင်ပို့သည်	koun tin pou. de
export (as adj.)	တင်ပို့သော	tin bou. de.
goods (merchandise)	ကုန်ပစ္စည်း	koun pji' si:
consignment, lot	ပို့ကုန်	pou. goun
weight	အလေးချိန်	alei: gjein

volume	ပမာဏ	pa. ma na.
cubic meter	ကုဗမီတာ	ku. ba mi ta
manufacturer	ထုတ်လုပ်သူ	tou' lou' thu
transportation company	သယ်ယူပို့ဆောင်ရေးကုမ္ပဏီ	the ju bou. zaun jei: koun pa. ni
container	ကွန်တိန်နာ	kun tein na
border	နယ်နိမိတ်	ne ni. mei'
customs	အကောက်ခွန်	akau' khun
customs duty	အကောက်ခွန်နှုန်း	akau' khun hnoun:
customs officer	အကောက်ခွန်အရာရှိ	akau' khun aja shi.
smuggling	မှောင်ခို	hmaun gou
contraband (smuggled goods)	မှောင်ခိုပစ္စည်း	hmaun gou pji' si:

75. Finances

stock (share)	စတော့ရှယ်ယာ	sato. shera
bond (certificate)	ငွေချေးစာချုပ်	ngwei gjei: za gju'
promissory note	ငွေပေးချေရန်ကတိစာချုပ်	ngwei bei: gjei jan ga. di. za gju'
stock exchange	စတော့ရှယ်ယာဒိုင်	sato. shera dain
stock price	စတော့ဈေးနှုန်း	sato. zei: hnoun:
to go down (become cheaper)	ဈေးနှုန်းကျဆင်းသည်	zei: hnan: gja. zin: de
to go up (become more expensive)	ဈေးနှုန်းတက်သည်	zei: hnan: de' de
share	ရှယ်ယာ	she ja
controlling interest	ရှယ်ယာအများစုကို ပိုင်ဆိုင်ခြင်း	she ja amja: zu. gou bain zain gjin:
investment	ရင်းနှီးမြှုပ်နှံမှု	jin: hni: hmjou' hnan hmu.
to invest (vt)	ရင်းနှီးမြှုပ်နှံသည်	jin: hni: hmjou' hnan de
percent	ရာခိုင်နှုန်း	ja gain hnan:
interest (on investment)	အတိုး	atou:
profit	အမြတ်	amja'
profitable (adj)	အမြတ်ရသော	amja' ja de.
tax	အခွန်	akhun
currency (foreign ~)	ငွေကြေး	ngwei kjei:
national (adj)	အမျိုးသားနှင့်ဆိုင်သော	amjou: dha: hnin. zain de.
exchange (currency ~)	လဲလှယ်ခြင်း	le: hle gjin:
accountant	စာရင်းကိုင်	sajin: gain
accounting	စာရင်းကိုင်လုပ်ငန်း	sajin: gain lou' ngan:

bankruptcy	ဒေဝါလီခံရခြင်း	dei wa li gan ja gjin
collapse, crash	ရုပ်တရှက်စီးပွါးရေး ထိုးကျခြင်း	jou' ta ja' si: bwa: jei: dou: gja. gjin:
ruin	ကြီးစွာသောအပျက်အစီး	kji: zwa dho apje' asi:
to be ruined (financially)	ပျက်စီးဆုံးရှုံးသည်	pje' si: zoun: shoun: de
inflation	ငွေကြေးဖောင်းပွခြင်း	ngwei kjei: baun: bwa. gjin:
devaluation	ငွေကြေးတန် ဖိုးချခြင်း	ngwei kjei: dan bou: gja gjin:
capital	အရင်းအနီးငွေ	ajin: ani: ngwei
income	ဝင်ငွေ	win ngwei
turnover	အနတံအသိမ်း	anou' athin:
resources	အရင်းအမြစ်များ	ajin: amja' mja:
monetary resources	ငွေကြေးအရင်းအမြစ်များ	ngwei kjei: ajin: amji' mja:
overhead	အထွေထွေ အသုံးစရိတ်	a htwei htwei athoun: za. jei'
to reduce (expenses)	လျှော့ချသည်	sho. cha. de

76. Marketing

marketing	ဈေးကွက်ရှာဖွေရေး	zei: gwe' sha bwei jei:
market	ဈေးကွက်	zei: gwe'
market segment	ဈေးကွက်အစိတ်အပိုင်း	zei: gwe' asei' apain:
product	ထုတ်ကုန်	htou' koun
goods (merchandise)	ကုန်ပစ္စည်း	koun pji' si:
brand	အမှတ်တံဆိပ်	ahma' tan zin
trademark	ကုန်အမှတ်တံဆိပ်	koun ahma' tan hsi'
logotype	မူပိုင်အမှတ်တံဆိပ်	mu bain ahma' dan zei'
logo	တံဆိပ်	da zei'
demand	တောင်းဆိုချက်	taun: hsou che'
supply	ထောက်ပံ့ခြင်း	htau' pan. gjin:
need	လိုအပ်မှု	lou a' hmu.
consumer	သုံးစွဲသူ	thoun: zwe: dhu
analysis	ခွဲခြမ်းစိတ်ဖြာခြင်း	khwe: gjan: zei' hpa gjin:
to analyze (vt)	ခွဲခြမ်းစိတ်ဖြာသည်	khwe: gjan: zei' hpa de
positioning	နေရာရှာခြင်း	nei ja hja gjin:
to position (vt)	နေရာရှာသည်	nei ja sha de
price	ဈေးနှုန်း	zei: hnan:
pricing policy	ဈေးနှုန်းမူဝါဒ	zei: hnan: m wada.
price formation	ဈေးနှုန်းဖြစ်တည်ခြင်း	zei: hnan: bji' te gjin:

77. Advertising

advertising	ကြော်ငြာ	kjo nja
to advertise (vt)	ကြော်ငြာသည်	kjo nja de

English	Burmese	Pronunciation
budget	ဘတ်ဂျက်	ba' gje'
ad, advertisement	ခန့်မှန်းခြေရ၊ သုံးငွေစာရင်း	khan hman: gjei ja. dhu: ngwei za jin:
TV advertising	တီဗီကြော်ငြာ	ti bi gjo nja
radio advertising	ရေဒီယိုကြော်ငြာ	rei di jou gjo nja
outdoor advertising	ပြင်ပကြော်ငြာ	pjin ba. gjo nja
mass media	လူထုဆက်သွယ်ရေး	lu du. ze' thwe jei:
periodical (n)	ပုံမှန်ထုတ် မဂ္ဂဇင်း	poun hmein dou' ma' ga. zin:
image (public appearance)	ပုံရိပ်	poun jei'
slogan	ကြွေးကြော်သံ	kjwei: kjo dhan
motto (maxim)	ဆောင်ပုဒ်	hsaun bou'
campaign	အစီအစဉ်	asi asin
advertising campaign	ကြော်ငြာအစီအစဉ်	kjo nja a si asin
target group	ပစ်မှတ်အုပ်စု	pi' hma' ou'zu.
business card	လုပ်ငန်းသုံးလိပ်စာကဒ်ပြား	lou' ngan: loun: lei' sa ka' pja:
leaflet (promotional ~)	လက်ကမ်းစာစောင်	le' kan: za zaun:
brochure (e.g., 12 pages ~)	ကြော်ငြာစာအုပ်ငယ်	kjo nja za ou' nge
pamphlet	လက်ကမ်းစာစောင်	le' kan: za zaun:
newsletter	သတင်းလွှာ	dhadin: hlwa
signboard (store sign, etc.)	ဆိုင်းဘုတ်	hsain: bou'
poster	ပိုစတာ	pou sata
billboard	ကြော်ငြာဆိုင်းဘုတ်	kjo nja zain: bou'

78. Banking

English	Burmese	Pronunciation
bank	ဘဏ်	ban
branch (of bank, etc.)	ဘဏ်ခွဲ	ban gwe:
bank clerk, consultant	အတိုင်ပင်ခံပုဂ္ဂိုလ်	atain bin gan bou' gou
manager (director)	မန်နေဂျာ	man nei gji
bank account	ဘဏ်ငွေစာရင်း	ban ngwei za jin
account number	ဘဏ်စာရင်းနံပါတ်	ban zajin: nan. ba'
checking account	ဘဏ်စာရင်းရှင်	ban zajin: shin
savings account	ဘဏ်ငွေစုစာရင်း	ban ngwei zu. za jin
to open an account	ဘဏ်စာရင်းဖွင့်သည်	ban zajin: hpwin. de
to close the account	ဘဏ်စာရင်းပိတ်သည်	ban zajin: bi' te
to deposit into the account	ငွေသွင်းသည်	ngwei dhwin: de
to withdraw (vt)	ငွေထုတ်သည်	ngwei dou' te
deposit	အပ်ငွေ	a' ngwei
to make a deposit	ငွေအပ်သည်	ngwei a' te

wire transfer	ကြေးနန်းဖြင့်ငွေလွှဲခြင်း	kjei: nan: bjin. ngwe hlwe: gjin
to wire, to transfer	ကြေးနန်းဖြင့်ငွေလွှဲသည်	kjei: nan: bjin. ngwe hlwe: de
sum	ပေါင်းလဒ်	paun: la'
How much?	ဘယ်လောက်လဲ	be lau' le:
signature	လက်မှတ်	le' hma'
to sign (vt)	လက်မှတ်ထိုးသည်	le' hma' htou: de
credit card	အကြွေးဝယ်ကဒ်-ခရက်ဒစ်ကဒ်	achwei: we ka' - ka' je' da' ka'
code (PIN code)	ကုဒ်နံပါတ်	kou' nan ba'
credit card number	ခရက်ဒစ်ကဒ်နံပါတ်	kha. je' di' ka' nan ba'
ATM	အလိုအလျောက်ငွေထုတ်စက်	alou aljau' ngwei htou' se'
check	ချက်လက်မှတ်	che' le' hma'
to write a check	ချက်ရေးသည်	che' jei: de
checkbook	ချက်စာအုပ်	che' sa ou'
loan (bank ~)	ချေးငွေ	chei: ngwei
to apply for a loan	ချေးငွေလျှောက်လွှာတင်သည်	chei: ngwei shau' hlwa din de
to get a loan	ချေးငွေရယူသည်	chei: ngwei ja. ju de
to give a loan	ချေးငွေထုတ်ပေးသည်	chei: ngwei htou' pei: de
guarantee	အာမခံပစ္စည်း	a ma. gan bji' si:

79. Telephone. Phone conversation

telephone	တယ်လီဖုန်း	te li hpoun:
cell phone	မိုဘိုင်းဖုန်း	mou bain: hpoun:
answering machine	ဖုန်းထူးစက်	hpoun: du: ze'
to call (by phone)	ဖုန်းဆက်သည်	hpoun: ze' te
phone call	အဝင်ဖုန်း	awin hpun:
to dial a number	နံပါတ် နှိပ်သည်	nan ba' hnei' te
Hello!	ဟလို	ha. lou
to ask (vt)	မေးသည်	mei: de
to answer (vi, vt)	ဖြေသည်	hpjei de
to hear (vt)	ကြားသည်	ka: de
well (adv)	ကောင်းကောင်း	kaun: gaun:
not well (adv)	အရမ်းမကောင်း	ajan: ma. gaun:
noises (interference)	ဖြတ်ဝင်သည့်ဆူညံသံ	hpja' win dhi. zu njan dhan
receiver	တယ်လီဖုန်းနားကြပ်ပိုင်း	te li hpoun: na: gja' pain:
to pick up (~ the phone)	ဖုန်းကောက်ကိုင်သည်	hpoun: gau' gain de
to hang up (~ the phone)	ဖုန်းချသည်	hpoun: gja de

busy (engaged)	လိုင်းမအားသော	lain: ma. a: de.
to ring (ab. phone)	မြည်သည်	mji de
telephone book	တယ်လီဖုန်းလမ်း ညွှန်စာအုပ်	te li hpoun: lan: hnjun za ou'
local (adj)	ပြည်တွင်းဒေသ တွင်းဖြစ်သော	pji dwin: dei. dha dwin: bji' te.
local call	ပြည်တွင်းခေါ်ဆိုမှု	pji dwin: go zou hmu.
long distance (~ call)	အဝေးခေါ်ဆိုနိုင်သော	awei: go zou nain de.
long-distance call	အဝေးခေါ်ဆိုမှု	awei: go zou hmu.
international (adj)	အပြည်ပြည်ဆိုင်ရာဖြစ်သော	apji pji zain ja bja' de.
international call	အပြည်ပြည်ဆိုင်ရာခေါ်ဆိုမှု	apji pji zain ja go: zou hmu

80. Cell phone

cell phone	မိုဘိုင်းဖုန်း	mou bain: hpoun:
display	ပြသခြင်း	pja. dha. gjin:
button	ခလုတ်	khalou'
SIM card	ဆင်းကဒ်	hsin: ka'
battery	ဘတ်ထရီ	ba' hta ji
to be dead (battery)	ဖုန်းအားကုန်သည်	hpoun: a: goun: de
charger	အားသွင်းကြိုး	a: dhwin: gjou:
menu	အစားအသောက်စာရင်း	asa: athau' sa jin:
settings	ချိန်ညှိခြင်း	chein hnji. chin:
tune (melody)	တီးလုံး	ti: loun:
to select (vt)	ရွေးချယ်သည်	jwei: che de
calculator	ဂဏန်းပေါင်းစက်	ganan: baun: za'
voice mail	အသံမေးလ်	athan mei:l
alarm clock	နှိုးစက်	hnou: ze'
contacts	ဖုန်းအဆက်အသွယ်များ	hpoun: ase' athwe mja:
SMS (text message)	မက်ဆေ့ဂျ်	me' zei. gja
subscriber	အသုံးပြုသူ	athoun: bju. dhu

81. Stationery

ballpoint pen	ဘောပင်	bo pin
fountain pen	ဖောင်တိန်	hpaun din
pencil	ခဲတံ	khe: dan
highlighter	အရောင်တောက်မင်တံ	ajaun dau' min dan
felt-tip pen	ရေဆေးစုတ်တံ	jei zei: zou' tan
notepad	မှတ်စုစာအုပ်	hma' su. za ou'
agenda (diary)	နေ့စဉ်မှတ်တမ်းစာအုပ်	nei. zin hma' tan: za ou'

ruler	ပေတံ	pei dan
calculator	ဂဏန်းပေါင်းစက်	ganan: baun: za'
eraser	ခဲဖျက်	khe: bje'
thumbtack	ထိပ်ပြားကြီးသံမှို	htei' pja: gji: dhan hmou
paper clip	တွယ်ချိတ်	twe gjei'
glue	ကော်	ko
stapler	စတက်ပလာ	sate' pa. la
hole punch	အပေါက်ဖောက်စက်	apau' hpau' se'
pencil sharpener	ခဲချွန်စက်	khe: chun ze'

82. Kinds of business

accounting services	စာရင်းကိုင်ဝန်ဆောင်မှု	sajin: gain wun zaun hmu.
advertising	ကြော်ငြာ	kjo nja
advertising agency	ကြော်ငြာလုပ်ငန်း	kjo nja lou' ngan:
air-conditioners	လေအေးစက်	lei ei: ze'
airline	လေကြောင်း	lei gjaun:
alcoholic beverages	အရက်သေစာ	aje' dhei za
antiques (antique dealers)	ရှေးဟောင်းပစ္စည်း	shei: haun: bji' si:
art gallery (contemporary ~)	အနုပညာပြခန်း	anu. pjin ja pja. gan:
audit services	စာရင်းစစ်ဆေးခြင်း	sajin: zi' hsei: gjin:
banking industry	ဘဏ်လုပ်ငန်း	ban lou' ngan:
bar	ဘား	ba:
beauty parlor	အလှပြင်ဆိုင်	ahla. bjin zain:
bookstore	စာအုပ်ဆိုင်	sa ou' hsain
brewery	ဘီယာချက်စက်ရုံ	bi ja gje' se' joun
business center	စီးပွားရေးလုပ်ငန်းစင်တာ	si: bwa: jei: lou' ngan: zin da
business school	စီးပွားရေးကျောင်း	si: bwa: jei: gjaun:
casino	လောင်းကစားရုံ	laun: gaza: joun
construction	ဆောက်လုပ်ရေးလုပ်ငန်း	hsau' lou' jei: lou' ngan:
consulting	လူနာစစ်သပ်ခန်း	lu na zan: dha' khan:
dental clinic	သွားဆေးခန်း	thwa: hsei: gan:
design	ဒီဇိုင်း	di zain:
drugstore, pharmacy	ဆေးဆိုင်	hsei: zain
dry cleaners	အဝတ်အခြောက်လျှော်လုပ်ငန်း	awu' achou' hlo: lou' ngan:
employment agency	အလုပ်အကိုင်ရှာဖွေရေးလုပ်ငန်း	alou' akain sha hpwei jei: lou' ngan:
financial services	ငွေကြေးဝန်ဆောင်မှုလုပ်ငန်း	ngwei kjei: wun zaun hmu lou' ngan:
food products	စားသုံးကုန်များ	sa: dhoun: goun mja:
funeral home	အသုဘဝန်ဆောင်မှုလုပ်ငန်း	athu. ba. wun zaun hmu. lou' ngan:

furniture (e.g., house ~)	ပရိဘောဂ	pa ri. bo: ga.
clothing, garment	အဝတ်အစား	awu' aza:
hotel	ဟိုတယ်	hou te
ice-cream	ရေခဲမုန့်	jei ge: moun.
industry (manufacturing)	စက်မှုလုပ်ငန်း	se' hmu. lou' ngan:
insurance	အာမခံလုပ်ငန်း	a ma. khan lou' ngan:
Internet	အင်တာနက်	in ta na'
investments (finance)	ရင်းနှီးမြှုပ်နှံမှု	jin: hni: hmjou' hnan hmu.
jeweler	လက်ဝတ်ရတနာကုန်သည်	le' wa' ja. da. na goun de
jewelry	လက်ဝတ်ရတနာ	le' wa' ja. da. na
laundry (shop)	ဒိုဘီလုပ်ငန်း	dou bi lou' ngan:
legal advisor	ဥပဒေအကြံပေး	u. ba. dei akjan bei:
light industry	အရွှေးစားစက်မှုလုပ်ငန်း	athei: za: za' hmu. lou' ngan:
magazine	မဂ္ဂဇင်းစာစောင်	ma' ga. zin: za zaun
mail order selling	အော်ဒါကိုစာတိုက်မှပို့ဆောင်ခြင်း	o da ko sa dai' hma. bou. hsaun gjin:
medicine	ဆေးပညာ	hsei: pjin nja
movie theater	ရုပ်ရှင်ရုံ	jou' shin joun
museum	ပြတိုက်	pja. dai'
news agency	သတင်းဌာန	dhadin: hta. na.
newspaper	သတင်းစာ	dhadin: za
nightclub	နိုက်ကလပ်	nai' ka. la'
oil (petroleum)	ရေနံ	jei nan
courier services	ပစ္စည်းပို့ဆောင်ရေးလုပ်ငန်း	pji' si: bou. zain jei: lou' ngan:
pharmaceutics	လူသုံးဆေးဝါးလုပ်ငန်း	lu dhoun: zei: wa: lou' ngan:
printing (industry)	ပုံနှိပ်ခြင်း	poun nei' chin:
publishing house	ပုံနှိပ်ထုတ်ဝေသည့်ကုမ္ပဏီ	poun nei' htou' wei dhi. koun pani
radio (~ station)	ရေဒီယို	rei di jou
real estate	အိမ်ခြံမြေလုပ်ငန်း	ein gjan mjei lu' ngan:
restaurant	စားသောက်ဆိုင်	sa: thau' hsain
security company	လုံခြုံရေးအကျိုးဆောင်ကုမ္ပဏီ	loun gjoun jei: akjou: zaun koun pa. ni
sports	အားကစား	a: gaza:
stock exchange	စတော့ရှောင်းဝယ်ရေးဌာန	sato. jaun: we jei: hta. na.
store	ဆိုင်	hsain
supermarket	ကုန်တိုက်ကြီး	koun dou' kji:
swimming pool (public ~)	ရေကူးကန်	jei ku: gan
tailor shop	အဝတ်ချုပ်လုပ်ငန်း	a' chou' lu' ngan:
television	ရုပ်မြင်သံကြား	jou' mjin dhan gja:
theater	ကဇာတ်ရုံ	ka. za' joun

English	Burmese	Pronunciation
trade (commerce)	ကုန်သွယ်ရေး	koun dhwe jei:
transportation	သယ်ယူပို့ဆောင်ရေးလုပ်ငန်း	the ju bou. zaun jei: lou' ngan:
travel	ခရီးသွားလုပ်ငန်း	khaji: thwa: lou' ngan:
veterinarian	တိရစ္ဆာန်ကုဆရာဝန်	tharei' hsan gu. zaja wun
warehouse	ကုန်လှောင်ရုံ	koun hlaun joun
waste collection	စွန့်ပစ်ပစ္စည်းစုဆောင်းခြင်း	sun. bi' pji' si: zu zaun: ghin:

Job. Business. Part 2

83. Show. Exhibition

English	Burmese	Pronunciation
exhibition, show	ပြပွဲ	pja. bwe:
trade show	ကုန်စည်ပြပွဲ	koun zi pja pwe
participation	ပါဝင်ဆင်နွှဲမှု	pa win zhin hnwe: hmu.
to participate (vi)	ပါဝင်ဆင်နွှဲသည်	pa win zin hnwe: de
participant (exhibitor)	ပါဝင်ဆင်နွှဲသူ	pa win zhin hnwe: dhu
director	ဒါရိုက်တာ	da je' ta
organizers' office	ဦးစီးဦးဆောင်သူအဖွဲ့	u: zi: u: zaun dhu ahpwe:
organizer	စီစဉ်သူ	si zin dhu
to organize (vt)	စီစဉ်သည်	si zin de
participation form	ပါဝင်ရန်ဖြည့်စွက်ရသောပုံစံ	pa win jan bje zwe' ja. dho: boun zan
to fill out (vt)	ဖြည့်သည်	hpjei. de
details	အသေးစိတ်အချက်အလက်များ	athei zi' ache' ala' mja:
information	သတင်းအချက်အလက်	dhadin: akje' ale'
price (cost, rate)	ဈေးနှုန်း	zei: hnan:
including	အပါအဝင်	apa awin
to include (vt)	ပါဝင်သည်	pa win de
to pay (vi, vt)	ပေးချေသည်	pei: gjei de
registration fee	မှတ်ပုံတင်ခ	hma' poun din ga.
entrance	ဝင်ပေါက်	win bau'
pavilion, hall	ပြခန်းသဘာယီအဆောက်အအုံ	pja. gan: ja ji ahsau' aoun
to register (vt)	စာရင်းသွင်းသည်	sajin: dhwin: de
badge (identity tag)	တံဆိပ်	da zei'
booth, stand	ပြပွဲစင်	pja. bwe: zin
to reserve, to book	ကြိုတင်မှာသည်	kjou tin hma de
display case	ပစ္စည်းပြရန်မှန်ဘောင်	pji' si: bja. jan hman baun
spotlight	မီးမောင်း	mi: maun:
design	ဒီဇိုင်း	di zain:
to place (put, set)	နေရာချသည်	nei ja gja de
to be placed	တည်ရှိသည်	ti shi. de
distributor	ဖြန့်ဝေသူ	hpjan. wei dhu
supplier	ပေးသွင်းသူ	pei: dhwin: dhu
to supply (vt)	ပေးသွင်းသည်	pei: dhwin: de

country	နိုင်ငံ	nain ngan
foreign (adj)	နိုင်ငံခြားနှင့်ဆိုင်သော	nain ngan gja: hnin. zain de.
product	ထုတ်ကုန်	htou' koun

association	အဖွဲ့အစည်း	ahpwe. asi:
conference hall	ဆွေးနွေးပွဲခန်းမ	hswe: nwe: bwe: gan: ma.
congress	ညီလာခံ	nji la gan
contest (competition)	ပြိုင်ပွဲ	pjain bwe:

visitor (attendee)	ဧည့်သည်	e. dhe
to visit (attend)	လာရောက်လေ့လာသည်	la jau' lei. la de
customer	ဖောက်သည်	hpau' te

84. Science. Research. Scientists

science	သိပ္ပံပညာ	thei' pan pin nja
scientific (adj)	သိပ္ပံပညာဆိုင်ရာ	thei' pan pin nja zein ja
scientist	သိပ္ပံပညာရှင်	thei' pan pin nja shin
theory	သီအိုရီ	thi ou ji

axiom	နိဂုံးမှန်အဆို	na. gou hman ahsou
analysis	ခွဲခြမ်းစိတ်ဖြာခြင်း	khwe: gjan: zei' hpa gjin:
to analyze (vt)	ခွဲခြမ်းစိတ်ဖြာသည်	khwe: gjan: zei' hpa de
argument (strong ~)	အကြောင်းပြချက်	akjaun: pja. gje'
substance (matter)	အထည်	a hte

hypothesis	အခြေခံသဘောတရားအယူအဆ	achei khan dha. bo da. ja: aju ahsa.
dilemma	အကျပ်ရှိက်ခြင်း	akja' shi' chin:
dissertation	သုတေသနစာတမ်း	thu. tei thana za dan:
dogma	တရားသေလက်ခံထားသောဝါဒ	taja: dhei le' khan da: dho: wa da

doctrine	သြဝါဒ	thja. wa da.
research	သုတေသန	thu. tei thana
to research (vt)	သုတေသနပြုသည်	thu. tei thana bjou de
tests (laboratory ~)	စမ်းသပ်ခြင်း	san: dha' chin:
laboratory	လက်တွေ့ခန်း	le' twei. gan:

method	နည်းလမ်း	ne: lan:
molecule	မော်လီကျူး	mo li gju:
monitoring	စောင့်ကြည့်စစ်ဆေးခြင်း	saun. gji. zi' hsei: gjin:
discovery (act, event)	ရှာဖွေတွေ့ရှိမှု	sha hpwei dwei. shi. hmu.

postulate	လက်ခံထားသည့်အဆို	le' khan da: dhe. ahsou
principle	အခြေခံသဘောတရား	achei khan dha. bo da. ja:
forecast	ကြိုတင်ခန့်မှန်းချက်	kjou din khan hman: gje'
to forecast (vt)	ကြိုတင်ခန့်မှန်းသည်	kjou din khan hman: de
synthesis	သမ္မရ	than ba ra.

trend (tendency)	ဦးတည်ရာ	u: ti ja
theorem	သီအိုရီရဲ့	thi ou jan
teachings	သင်ကြားချက်	thin kja: gje'
fact	အချက်အလက်	ache' ale'
expedition	စူးစမ်းလေ့လာရေးခရီး	su: zan: lei. la nei: khaji:
experiment	စမ်းသပ်လုပ်ဆောင်ချက်	san: dha' lou' hsaun gje'
academician	အွကယ်ဒမီသံပွပညာရှင်	ake da ni dhan pa' pjin shin
bachelor (e.g., ~ of Arts)	တက္ကသိုလ် ပထမဘွဲ့	te' kathou pahtama. bwe.
doctor (PhD)	ပါရဂူဘွဲ့	pa ja gu bwe.
Associate Professor	လက်ထောက်ပါမောက္ခ	le' htau' pa mau' kha.
Master (e.g., ~ of Arts)	မဟာဘွဲ့	maha bwe.
professor	ပါမောက္ခ	pamau' kha

Professions and occupations

85. Job search. Dismissal

job	အလုပ်	alou'
staff (work force)	ဝန်ထမ်းအင်အား	wun dan: in a:
personnel	အမှုထမ်း	ahmu. htan:
career	သက်မွေးမှုလုပ်ငန်း	the' hmei: hmu. lou' ngan:
prospects (chances)	တက်လမ်း	te' lan:
skills (mastery)	ကျွမ်းကျင်မှု	kjwan: gjin hmu.
selection (screening)	လက်ရွေးစင်	le' jwei: zin
employment agency	အလုပ်အကိုင်ရှာဖွေရေး-အကျိုးဆောင်လုပ်ငန်း	alou' akain sha hpei jei: akjou: zaun lou' ngan:
résumé	ပညာရည်မှတ်တမ်းအကျဉ်း	pjin nja je hma' tan: akjin:
job interview	အလုပ်အင်တာဗျူး	alou' in da bju:
vacancy, opening	အလုပ်လစ်လပ်နေရာ	alou' li' la' nei ja
salary, pay	လစာ	la. za
fixed salary	ပုံသေလစာ	poun dhei la. za
pay, compensation	ပေးရေသည့်ငွေ	pei: gjei de. ngwei
position (job)	ရာထူး	ja du:
duty (of employee)	တာဝန်	ta wun
range of duties	တာဝန်များ	ta wun mja:
busy (I'm ~)	အလုပ်များသော	alou' mja: de.
to fire (dismiss)	အလုပ်ထုတ်သည်	alou' htou' de
dismissal	ထုတ်ပယ်ခြင်း	htou' pe gjin:
unemployment	အလုပ်လက်မဲ့ဦးရေ	alou' le' me. u: jei
unemployed (n)	အလုပ်လက်မဲ့	alou' le' me.
retirement	အငြိမ်းစားလစာ	anjein: za: la. za
to retire (from job)	အငြိမ်းစားယူသည်	anjein: za: ju dhe

86. Business people

director	ညွှန်ကြားရေးမှူး	hnjun gja: jei: hmu:
manager (director)	မန်နေဂျာ	man nei gji
boss	အကြီးအကဲ	akji: ake:
superior	အထက်လူကြီး	a hte' lu gji:
superiors	အထက်လူကြီးများ	a hte' lu gji: mja:

president	ဥက္ကဌ	ou' kahta.
chairman	ဥက္ကဌ	ou' kahta.
deputy (substitute)	ဒုတိယ	du. di. ja.
assistant	လက်ထောက်	le' htau'
secretary	အတွင်းရေးမှူး	atwin: jei: hmu:
personal assistant	ကိုယ်ရေးအရာရှိ	kou jei: aja shi.
businessman	စီးပွားရေးလုပ်ငန်းရှင်	si: bwa: jei: lou' ngan: shin
entrepreneur	စီးပွားရေးလုပ်ငန်းရှင်	si: bwa: jei: lou' ngan: shin
founder	တည်ထောင်သူ	ti daun dhu
to found (vt)	တည်ထောင်သည်	ti daun de
incorporator	ဖွဲ့စည်းသူ	hpwe. zi: dhu
partner	အကျိုးတူလုပ်ဖော်ကိုင်ဘက်	akjou: du lou' hpo kain be'
stockholder	အစုရှင်	asu. shin
millionaire	သန်းကြွယ်သူဌေး	than: gjwe dhu dei:
billionaire	ဘီလျံနာသူဌေး	bi ljan na dhu dei:
owner, proprietor	ပိုင်ရှင်	pain shin
landowner	မြေပိုင်ရှင်	mjei bain shin
client	ဖောက်သည်	hpau' te
regular client	အမြဲတမ်းဖောက်သည်	amje: dan: zau' te
buyer (customer)	ဝယ်သူ	we dhu
visitor	ည့်သည်	e. dhe
professional (n)	ကျွမ်းကျင်သူ	kjwan: gjin dhu
expert	ကျွမ်းကျင်ပညာရှင်	kjwan: gjin bi nja shin
specialist	အထူးကျွမ်းကျင်သူ	a htu: kjwan: gjin dhu
banker	ဘဏ်လုပ်ငန်းရှင်	ban lou' ngan: shin
broker	စီးပွါးရေးအကြိုးဆောင်	si: bwa: jei: akjou: zaun
cashier, teller	ငွေကိုင်	ngwei gain
accountant	စာရင်းကိုင်	sajin: gain
security guard	အစောင့်	asaun.
investor	ရင်းနှီးမြှုပ်နှံသူ	jin: hni: hmjou' hnan dhu
debtor	မြီစား	mji za:
creditor	ကြွေးရှင်	kjwei: shin
borrower	ချေးသူ	chei: dhu
importer	သွင်းကုန်လုပ်ငန်းရှင်	thwin: goun lou' ngan: shin
exporter	ပို့ကုန်လုပ်ငန်းရှင်	pou. goun lou' ngan: shin
manufacturer	ထုတ်လုပ်သူ	tou' lou' thu
distributor	ဖြန့်ဝေသူ	hpjan. wei dhu
middleman	တစ်ဆင့်ခံရောင်းသူ	ti' hsin. gan jaun: dhu
consultant	အတိုင်ပင်ခံပုဂ္ဂိုလ်	atain bin gan bou' gou
sales representative	ကိုယ်စားလှယ်	kou za: hle

agent	ကိုယ်စားလှယ်	kou za: hle
insurance agent	အာမခံကိုယ်စားလှယ်	a ma. khan gou za: hle

87. Service professions

cook	စားဖိုမှူး	sa: hpou hmu:
chef (kitchen chef)	စားဖိုမှူးကြီး	sa: hpou hmu: gji:
baker	ပေါင်မုန့်ဖုတ်သူ	paun moun. bou' dhu
bartender	အရက်ဘားဝန်ထမ်း	aje' ba: wun dan:
waiter	စားပွဲထိုး	sa: bwe: dou:
waitress	စားပွဲထိုးမိန်းကလေး	sa: bwe: dou: mein: ga. lei:
lawyer, attorney	ရှေ့နေ	shei. nei
lawyer (legal expert)	ရှေ့နေ	shei. nei
notary public	ရှေ့နေ	shei. nei
electrician	လျှပ်စစ်ပညာရှင်	hlja' si' pa. nja shin
plumber	ပိုက်ပြင်သူ	pai' bjin dhu
carpenter	လက်သမား	le' tha ma:
masseur	အနှိပ်သမား	anei' thama:
masseuse	အနှိပ်သမ	anei' thama.
doctor	ဆရာဝန်	hsa ja wun
taxi driver	တက္ကစီမောင်းသူ	te' kasi maun: dhu
driver	ယာဉ်မောင်း	jin maun:
delivery man	ပစ္စည်းပို့သူ	pji' si: bou. dhu
chambermaid	ဟိုတယ်သန့်ရှင်းရေးဝန်ထမ်း	hou te than. shin wun dam:
security guard	အစောင့်	asaun.
flight attendant (fem.)	လေယာဉ်မယ်	lei jan me
schoolteacher	ဆရာ	hsa ja
librarian	စာကြည့်တိုက်ဝန်ထမ်း	sa gji. dai' wun dan:
translator	ဘာသာပြန်	ba dha bjan
interpreter	စကားပြန်	zaga: bjan
guide	လမ်းညွှန်	lan: hnjun
hairdresser	ဆံသဆရာ	hsan dha. zaja
mailman	စာပို့သမား	sa bou. dhama:
salesman (store staff)	ဆိုင်အရောင်းဝန်ထမ်း	hsain ajaun: wun dan:
gardener	ဥယျာဉ်မှူး	u. jin hmu:
domestic servant	အိမ်စေအမှုထမ်း	ein zei ahmu. dan:
maid (female servant)	အိမ်စေအမျိုးသမီး	ein zei amjou: dhami:
cleaner (cleaning lady)	သန့်ရှင်းရေးသမ	than. shin: jei: dhama.

88. Military professions and ranks

private	တပ်သား	ta' tha:
sergeant	တပ်ကြပ်ကြီး	ta' kja' kji:
lieutenant	ဗိုလ်	bou
captain	ဗိုလ်ကြီး	bou gji
major	ဗိုလ်မှူး	bou hmu:
colonel	ဗိုလ်မှူးကြီး	bou hmu: gji:
general	ဗိုလ်ချုပ်	bou gjou'
marshal	ထိပ်တန်းအရာရှိ	htei' tan: aja shi.
admiral	ရေတပ်ဗိုလ်ချုပ်ကြီး	jei da' bou chou' kji:
military (n)	တပ်မတော်နှင့်ဆိုင်သော	ta' mado hnin. zain de.
soldier	စစ်သား	si' tha:
officer	အရာရှိ	aja shi.
commander	ခေါင်းဆောင်	gaun: zaun
border guard	နယ်ခြားစောင့်	ne gja: zaun.
radio operator	ဆက်သွယ်ရေးတပ်သား	hse' thwe jei da' tha:
scout (searcher)	ကင်းထောက်	kin: dau'
pioneer (sapper)	မိုင်းရှင်းသူ	main: shin: dhu
marksman	လက်ဖြောင့်တပ်သား	le' hpaun. da' tha:
navigator	လေကြောင်းပြ	lei gjaun: bja.

89. Officials. Priests

king	ဘုရင်	ba. jin
queen	ဘုရင်မ	ba jin ma.
prince	အိမ်ရှေ့မင်းသား	ein shei. min: dha:
princess	မင်းသမီး	min: dhami:
czar	ဇာဘုရင်	za bou jin
czarina	ဇာဘုရင်မ	za bou jin ma
president	သမ္မတ	thamada.
Secretary (minister)	ဝန်ကြီး	wun: gji:
prime minister	ဝန်ကြီးချုပ်	wun: gji: gjou'
senator	ဆီနိတ်လွှတ်တော်အမတ်	hsi nei' hlwa' do: ama'
diplomat	သံတမန်	than taman.
consul	ကောင်စစ်ဝန်	kaun si' wun
ambassador	သံအမတ်	than ama'
counselor (diplomatic officer)	ကောင်စီဝင်	kaun si wun
official, functionary (civil servant)	အမှုဆောင်အရာရှိ	ahmu. zaun aja shi.

prefect	သီးသန့်နယ်မြေ အုပ်ချုပ်ရေးမှူး	thi: dhan. ne mjei ou' chou' ei: hmu:
mayor	မြို့တော်ဝန်	mjou. do wun
judge	တရားသူကြီး	taja: dhu gji:
prosecutor (e.g., district attorney)	အစိုးရရှေ့နေ	asou: ja shei. nei
missionary	သာသနာပြုသူ	tha dha. na bju. dhu
monk	ဘုန်းကြီး	hpoun: gji:
abbot	ကျောင်းထိုင်ဆရာတော်	kjaun: dain zaja do
rabbi	ဂျူးဘာသာရေး ခေါင်းဆောင်	gju: ba dha jei: gaun: zaun:
vizier	မွတ်ဆလင်အမတ်	mu' hsa. lin ama'
shah	ရှားဘုရင်	sha: bu. shin
sheikh	အာရပ်စော်ဘွား	a ra' so bwa:

90. Agricultural professions

beekeeper	ပျားမွေးသူ	pja: mwei: dhu
herder, shepherd	သိုး၊နွားအုပ်ကျောင်းသူ	thou:/ nwa: ou' kjaun: dhu
agronomist	သီးနှံဝိတ်ပျိုး ရေးပညာရှင်	thi: hnan zai' pjou: jei: pin nja shin
cattle breeder	တိရစ္ဆာန်မျိုး ဖောက်သူ	tharei' hsan mjou: hpau' thu
veterinarian	တိရစ္ဆာန်ဆရာဝန်	tharei' hsan zaja wun
farmer	လယ်သမား	le dhama:
winemaker	ဝိုင်ဖောက်သူ	wain bau' thu
zoologist	သတ္တဝေဒပညာရှင်	tha' ta. bei da. pin nja shin
cowboy	နွားကျောင်းသား	nwa: gjaun: dha:

91. Art professions

actor	သရုပ်ဆောင်မင်းသား	thajou' hsaun min: dha:
actress	သရုပ်ဆောင်မင်းသမီး	thajou' hsaun min: dha:
singer (masc.)	အဆိုတော်	ahsou do
singer (fem.)	အဆိုတော်	ahsou do
dancer (masc.)	အကဆရာ	aka. hsa. ja
dancer (fem.)	အကဆရာမ	aka. hsa. ja ma
performer (masc.)	သရုပ်ဆောင်သူ	thajou' hsaun dhu
performer (fem.)	သရုပ်ဆောင်သူ	thajou' hsaun dhu
musician	ဂီတပညာရှင်	gi ta. bjin nja shin
pianist	စန္ဒရားဆရာ	san daja: zaja

guitar player	ဂစ်တာပညာရှင်	gi' ta bjin nja shin
conductor (orchestra ~)	ဂီတမှူး	gi ta. hmu
composer	တေးရေးဆရာ	tei: jei: hsaja
impresario	ဇာတ်ဆရာ	za' hsaja
film director	ရုပ်ရှင်ဒါရိုက်တာ	jou' shin da jai' ta
producer	ထုတ်လုပ်သူ	htou' lou' thu
scriptwriter	ဇာတ်ညွှန်းဆရာ	za' hnjun: za ja
critic	ဝေဖန်သူ	wei ban dhu
writer	စာရေးဆရာ	sajei: zaja
poet	ကဗျာဆရာ	ka. bja zaja
sculptor	ပန်းပုဆရာ	babu hsaja
artist (painter)	ပန်းချီဆရာ	bagji zaja
juggler	လက်လှည့်ဆရာ	le' hli. za. ja.
clown	လူရွှင်တော်	lu shwin do
acrobat	ကျွမ်းဘားပြသူ	kjwan: ba: bja dhu
magician	မျက်လှည့်ဆရာ	mje' hle. zaja

92. Various professions

doctor	ဆရာဝန်	hsa ja wun
nurse	သူနာပြု	thu na bju.
psychiatrist	စိတ်ရောဂါအထူးကု ဆရာဝန်	sei' jo: ga ahtu: gu. zaja wun
dentist	သွားဆရာဝန်	thwa: hsaja wun
surgeon	ခွဲစိတ်ကုဆရာဝန်	khwe: hsei' ku hsaja wun
astronaut	အာကာသယာဉ်မှူး	akatha. jin hmu:
astronomer	နက္ခတ္တဗေဒ ပညာရှင်	ne' kha' ta. bei da. pji nja shin
pilot	လေယာဉ်မှူး	lei jan hmu:
driver (of taxi, etc.)	ယာဉ်မောင်း	jin maun:
engineer (train driver)	ရထားမောင်းသူ	jatha: maun: dhu
mechanic	စက်ပြင်ဆရာ	se' pjin zaja
miner	သတ္တုတွင်း အလုပ်သမား	tha' tu. dwin: alou' thama:
worker	အလုပ်သမား	alou' dha ma:
locksmith	သော့ပြင်ဆရာ	tho. bjin zaja
joiner (carpenter)	ကျွန်းပေါင်းခွေလက်သမား	kji: baun: gwei le' dha ma:
turner (lathe operator)	တွင်ခုံအလုပ်သမား	twin goun alou' dhama:
construction worker	ဆောက်လုပ် ရေးအလုပ်သမား	hsau' lou' jei: alou' dha. ma:
welder	ဂဟေဆော်သူ	gahei hso dhu
professor (title)	ပါမောက္ခ	pamau' kha
architect	ဗိသုကာပညာရှင်	bi. thu. ka pjin nja shin
historian	သမိုင်းပညာရှင်	thamain: pin nja shin

English	Burmese	Pronunciation
scientist	သိပ္ပံပညာရှင်	thei' pan pin nja shin
physicist	ရူပဗေဒပညာရှင်	ju bei da. bin nja shin
chemist (scientist)	ဓာတုဗေဒပညာရှင်	da tu. bei da. bjin nja shin
archeologist	ရှေးဟောင်းသုတေသနပညာရှင်	shei: haun thu. dei dha. na. bji nja shin
geologist	ဘူမိဗေဒပညာရှင်	buu mi. bei da. bjin nja shin
researcher (scientist)	သုတေသနပညာရှင်	thu. tei thana pin nja shin
babysitter	ကလေးထိန်း	kalei: din:
teacher, educator	ဆရာ	hsa ja
editor	အယ်ဒီတာ	e di ta
editor-in-chief	အယ်ဒီတာချုပ်	e di ta chu'
correspondent	သတင်းထောက်	dhadin: dau'
typist (fem.)	လက်နှိပ်စက်ရိုက်သူ	le' ni' se' jou' thu
designer	ဒီဇိုင်နာ	di zain na
computer expert	ကွန်ပျူတာပညာရှင်	kun pju ta ba. nja shin
programmer	ပရိုဂရမ်မာ	pa. jou ga. jan ma
engineer (designer)	အင်ဂျင်နီယာ	in gjin ni ja
sailor	သင်္ဘောသား	thin: bo: dha:
seaman	သင်္ဘောသား	thin: bo: dha:
rescuer	ကယ်ဆယ်သူ	ke ze dhu
fireman	မီးသတ်သမား	mi: tha' dhama:
police officer	ရဲ	je:
watchman	အစောင့်	asaun.
detective	စုံထောက်	soun dau'
customs officer	အကောက်ခွန်အရာရှိ	akau' khun aja shi.
bodyguard	သက်တော်စောင့်	the' to zaun.
prison guard	ထောင်စောင့်	htaun zaun.
inspector	ရဲအုပ်	je: ou'
sportsman	အားကစားသမား	a: gaza: dhama:
trainer, coach	နည်းပြ	ne: bja.
butcher	သားသတ်သမား	tha: dha' thama:
cobbler (shoe repairer)	ဖိနပ်ချုပ်သမား	hpana' chou' tha ma:
merchant	ကုန်သည်	koun de
loader (person)	ကုန်ထမ်းသမား	koun din dhama:
fashion designer	ဖက်ရှင်ဒီဇိုင်နာ	hpe' shin di zain na
model (fem.)	မော်ဒယ်	mo de

93. Occupations. Social status

English	Burmese	Pronunciation
schoolboy	ကျောင်းသား	kjaun: dha:
student (college ~)	ကျောင်းသား	kjaun: dha:

English	Burmese	Pronunciation
philosopher	ဒဿနပညာရှင်	da' thana. pjin nja shin
economist	ဘောဂဗေဒပညာရှင်	bo ga bei da ba nja shin
inventor	တီထွင်သူ	ti htwin dhu
unemployed (n)	အလုပ်လက်မဲ့	alou' le' me.
retiree	အငြိမ်းစား	anjein: za:
spy, secret agent	သူလျှို	thu shou
prisoner	ထောင်သား	htaun dha:
striker	သပိတ်မှောက်သူ	thabei' hmau' thu
bureaucrat	ဗျူရိုကရက်အရာရှိ	bju jou ka. je' aja shi.
traveler (globetrotter)	ခရီးသွား	khaji: thwa:
gay, homosexual (n)	လိင်တူချင်းဆက်ဆံသူ	lein du cjin: ze' hsan dhu
hacker	ဟက်ကာ	he' ka
hippie	လူမှုလေ့လေ့များကို သွေဖယ်သူ	lu hmu. da. lei. mja: gou
bandit	ဓားပြ	damja.
hit man, killer	လူသတ်သမား	lu dha' thama:
drug addict	ဆေးစွဲသူ	hsei: zwe: dhu
drug dealer	မူးယစ်ဆေးရောင်းဝယ်သူ	mu: ji' hsei: jaun we dhu
prostitute (fem.)	ပြည့်တန်ဆာ	pjei. dan za
pimp	ဖာခေါင်း	hpa gaun:
sorcerer	မှော်ဆရာ	hmo za. ja
sorceress (evil ~)	မှော်ဆရာမ	hmo za. ja ma.
pirate	ပင်လယ်ဓားပြ	pin le da: bja.
slave	ကျွန်	kjun
samurai	ဆာမူရိုင်း	hsa mu jain:
savage (primitive)	လူရိုင်း	lu jain:

Education

94. School

English	Burmese	Pronunciation
school	စာသင်ကျောင်း	sa dhin gjaun:
principal (headmaster)	ကျောင်းအုပ်ကြီး	ko: ou' kji:
pupil (boy)	ကျောင်းသား	kjaun: dha:
pupil (girl)	ကျောင်းသူ	kjaun: dhu
schoolboy	ကျောင်းသား	kjaun: dha:
schoolgirl	ကျောင်းသူ	kjaun: dhu
to teach (sb)	သင်ကြားသည်	thin kja: de
to learn (language, etc.)	သင်ယူသည်	thin ju de
to learn by heart	အလွတ်ကျက်သည်	alu' kje' de
to learn (~ to count, etc.)	သင်ယူသည်	thin ju de
to be in school	ကျောင်းတက်သည်	kjaun: de' de
to go to school	ကျောင်းသွားသည်	kjaun: dhwa: de
alphabet	အက္ခရာ	e' kha ja
subject (at school)	ဘာသာရပ်	ba da ja'
classroom	စာသင်ခန်း	sa dhin gan:
lesson	သင်ခန်းစာ	thin gan: za
recess	အနားချိန်	ana: gjain
school bell	ခေါင်းလောင်းသံ	gaun: laun: dhan
school desk	စာရေးခုံ	sajei: khoun
chalkboard	ကျောက်သင်ပုန်း	kjau' thin boun:
grade	အမှတ်	ahma'
good grade	အမှတ်အဆင့်မြင့်	ahma' ahsin. mjin.
bad grade	အမှတ်အဆင့်နိမ့်	ahma' ahsin. nin.
to give a grade	အမှတ်ပေးသည်	ahma' pei: de
mistake, error	အမှား	ahma:
to make mistakes	အမှားလုပ်သည်	ahma: lou' te
to correct (an error)	အမှားပြင်သည်	ahma: pjin de
cheat sheet	ခိုးကူးရန်စာ ရွက်အပိုင်းအစ	khou: gu: jan za jwe' apain: asa.
homework	အိမ်စာ	ein za
exercise (in education)	လေ့ကျင့်ခန်း	lei. kjin. gan:
to be present	ရှိသည်	shi. de
to be absent	ပျက်ကွက်သည်	pje' kwe' te

English	Burmese	Pronunciation
to miss school	အတန်းပျက်ကွက်သည်	atan: bje' kwe' te
to punish (vt)	အပြစ်ပေးသည်	apja' pei: de
punishment	အပြစ်ပေးရြင်း	apja' pei: gjin:
conduct (behavior)	အပြုအမူ	apju amu
report card	စာမေးပွဲမှတ်တမ်း	sa mei: hma' tan:
pencil	ခဲတံ	khe: dan
eraser	ခဲဖျက်	khe: bje'
chalk	မြေဖြူ	mjei bju
pencil case	ခဲတံဘူး	khe: dan bu:
schoolbag	ကျောင်းသုံးလွယ်အိတ်	kjaun: dhoun: lwe ji'
pen	ဘောပင်	bo pin
school notebook	လေ့ကျင့်ခန်းစာအုပ်	lei. kjin. gan: za ou'
textbook	ဖတ်စာအုပ်	hpa' sa au'
drafting compass	ထောက်ဆူး	htau' hsu:
to make technical drawings	ပုံကြမ်းဆွဲသည်	poun: gjam: zwe: de
technical drawing	နည်းပညာဆိုင်ရာပုံကြမ်း	ne bi nja zain ja boun gjan:
poem	ကဗျာ	ka. bja
by heart (adv)	အလွတ်	alu'
to learn by heart	အလွတ်ကျက်သည်	alu' kje' de
school vacation	ကျောင်းပိတ်ရက်	kjaun: bi' je'
to be on vacation	အားလပ်ရက်ရသည်	a: la' je' ja. de
to spend one's vacation	အားလပ်ရက်ဖြတ်သန်းသည်	a: la' je' hpja' than: de
test (written math ~)	အခန်းဆုံးစစ်ဆေးမှု	akhan: zain zi' hsei: hmu
essay (composition)	စာစီစာကုံး	sa zi za koun:
dictation	သတ်ပုံခေါ်ပေးရြင်း	tha' poun go bei: gjin:
exam (examination)	စာမေးပွဲ	sa mei: bwe:
to take an exam	စာမေးပွဲဖြေသည်	sa mei: bwe: bjei de
experiment (e.g., chemistry ~)	လက်တွေ့လုပ်ဆောင်မှု	le' twei: lou' zaun hma.

95. College. University

English	Burmese	Pronunciation
academy	အထူးပညာသင်ကျောင်း	a htu: bjin nja dhin kjaun:
university	တက္ကသိုလ်	te' kathou
faculty (e.g., ~ of Medicine)	ဌာန	hta. na.
student (masc.)	ကျောင်းသား	kjaun: dha:
student (fem.)	ကျောင်းသူ	kjaun: dhu
lecturer (teacher)	သင်ကြားပို့ချသူ	thin kja: bou. gja. dhu
lecture hall, room	စာသင်ခန်း	sa dhin gan:
graduate	ဘွဲ့ရသူ	bwe. ja. dhu

diploma	ဒီပလိုမာ	di' lou ma
dissertation	သုတေသနစာတမ်း	thu. tei thana za dan:
study (report)	သုတေသနစာတမ်း	thu. tei thana za dan
laboratory	လက်တွေ့ခန်း	le' twei. gan:
lecture	သင်ကြားပို့ချမှု	thin kja: bou. gja. hmu.
coursemate	အတန်းဖော်	atan: hpo
scholarship	ပညာသင်ဆု	pjin nja dhin zu.
academic degree	တက္ကသိုလ်ဘွဲ့	te' kathou bwe.

96. Sciences. Disciplines

mathematics	သင်္ချာ	thin cha
algebra	အက္ခရာသင်္ချာ	e' kha ja din gja
geometry	ဂျီသြမေတြီ	gji o: mei tri
astronomy	နက္ခတ္တဗေဒ	ne' kha' ta. bei da.
biology	ဇီဝဗေဒ	zi: wa bei da.
geography	ပထဝီဝင်	pahtawi win
geology	ဘူမိဗေဒ	buu mi. bei da.
history	သမိုင်း	thamain:
medicine	ဆေးပညာ	hsei: pjin nja
pedagogy	သင်ကြားနည်းပညာ	thin kja: nei: pin nja
law	ဥပဒေဘာသာရပ်	u. ba. bei ba dha ja'
physics	ရူပဗေဒ	ju bei da.
chemistry	ဓာတုဗေဒ	da tu. bei da.
philosophy	ဒဿနိကဗေဒ	da' tha ni. ga. bei da.
psychology	စိတ်ပညာ	sei' pjin nja

97. Writing system. Orthography

grammar	သဒ္ဒါ	dhada
vocabulary	ဝေါဟာရ	wo: ha ra.
phonetics	သဒ္ဒဗေဒ	dhada. bei da.
noun	နာမ်	nan
adjective	နာမဝိသေသန	nan wi. dhei dha. na.
verb	ကြိယာ	kji ja
adverb	ကြိယာဝိသေသန	kja ja wi. dhei dha. na.
pronoun	နာမ်စား	nan za:
interjection	အာမေဍိတ်	a mei dei'
preposition	ဝိဘတ်	wi ba'
root	ဝေါဟာရရင်းမြစ်	wo: ha ra. jin: mji'
ending	အဆုံးသတ်	ahsoun: tha'

prefix	ရှေ့ဆက်ပုဒ်	shei. hse' pou'
syllable	ဝဏ္ဏ	wun na.
suffix	နောက်ဆက်ပုဒ်	nau' ze' pou'

stress mark	ဖိသံသင်္ကေတ	hpi. dhan dha. gei da.
apostrophe	ပိုင်ဆိုင်ခြင်းပြ သင်္ကေတ	pain zain bjin: bja tin kei ta.

period, dot	ဖူးလ်စတော့ပ်	hpu: l za. po. p
comma	ပုဒ်ထီး သင်္ကေတ	pou' hti: tin kei ta.
semicolon	အဖြတ်အရပ်သင်္ကေတ	a hpja' aja' tha ngei da
colon	ကိုလန်	kou lan
ellipsis	စာချုန်ပြအမှတ်အသား	sa gjan bja ahma' atha:

question mark	မေးခွန်းပြအမှတ်အသား	mei: gun: bja. ahma' adha:
exclamation point	အာမေဍိတ်အမှတ်အသား	a mei dei' ahma' atha:

quotation marks	မျက်တောင်အဖွင့်အပိတ်	mje' taun ahpwin. apei'
in quotation marks	မျက်တောင်အဖွင့် အပိတ်-အတွင်း	mje' taun ahpwin. apei' atwin:

parenthesis	ကွင်း	kwin:
in parenthesis	ကွင်းအတွင်း	kwin: atwin:

hyphen	တုံးတို	toun: dou
dash	တုံးရှည်	toun: she
space (between words)	ကွက်လပ်	kwe' la'

letter	စာလုံး	sa loun:
capital letter	စာလုံးကြီး	sa loun: gji:

vowel (n)	သရ	thara.
consonant (n)	ဗျည်း	bjin:

sentence	ဝါကျ	we' kja.
subject	ကံ	kan
predicate	ဝါစက	wa saka.

line	မျဉ်းကြောင်း	mjin: gjaun:
on a new line	မျဉ်းကြောင်းအသစ်ပေါ်မှာ	mjin: gjaun: athi' bo hma.
paragraph	စာပိုဒ်	sa pai'

word	စကားလုံး	zaga: loun:
group of words	စကားစု	zaga: zu.
expression	ဖော်ပြချက်	hpjo bja. gje'
synonym	အနက်တူ	ane' tu
antonym	ဆန့်ကျင်ဘက်အနက်	hsan. gjin ba' ana'

rule	စည်းမျဉ်းစည်းကမ်း	si: mjin: si: kan:
exception	ခြွင်းချက်	chwin: gje'
correct (adj)	မှန်ကန်သော	hman gan de.
conjugation	ကြိယာပုံစံပြောင်းခြင်း	kji ja boun zan pjaun: chin:
declension	သဒ္ဒါပြောင်းလဲပုံ	dhada bjaun: le: boun

English	Burmese	Pronunciation
nominal case	နာမ်ပြောင်းပုံစံ	nan bjaun: boun zan
question	မေးခွန်း	mei: gun:
to underline (vt)	အလေးထားဖော်ပြသည်	a lei: da: hpo pja. de
dotted line	အစက်မျဉ်း	ase' mjin:

98. Foreign languages

English	Burmese	Pronunciation
language	ဘာသာစကား	ba dha zaga:
foreign (adj)	နိုင်ငံခြားနှင့်ဆိုင်သော	nain ngan gja: hnin. zain de.
foreign language	နိုင်ငံခြားဘာသာစကား	nain ngan gja: ba dha za ga:
to study (vt)	သင်ယူလေ့လာသည်	thin ju lei. la de
to learn (language, etc.)	သင်ယူသည်	thin ju de
to read (vi, vt)	ဖတ်သည်	hpa' te
to speak (vi, vt)	ပြောသည်	pjo: de
to understand (vt)	နားလည်သည်	na: le de
to write (vt)	ရေးသည်	jei: de
fast (adv)	မြန်မြန်	mjan mjan
slowly (adv)	ဖြည်းဖြည်း	hpjei: bjei:
fluently (adv)	ကျွမ်းကျွမ်းကျင်ကျင်	kjwan: gjwan: gjin gjin
rules	စည်းမျဉ်းစည်းကမ်း	si: mjin: si: kan:
grammar	သဒ္ဒါ	dhada
vocabulary	ဝေါဟာရ	wo: ha ra.
phonetics	သဒ္ဒဗေဒ	dhada. bei da.
textbook	ဖတ်စာအုပ်	hpa' sa au'
dictionary	အဘိဓာန်	abi. dan
teach-yourself book	မိမိဘာသာလေ့လာနိုင်သောစာအုပ်	mi. mi. ba dha lei. la nain dho: za ou'
phrasebook	နှစ်ဘာသာသာစကားပြောစာအုပ်	hni' ba dha zaga: bjo: za ou'
cassette, tape	တိပ်ခွေ	tei' khwei
videotape	ရုပ်ရှင်တိပ်ခွေ	jou' shin dei' hpwei
CD, compact disc	စီဒီခွေ	si di gwei
DVD	ဒီဗီဒီခွေ	di bi di gwei
alphabet	အက္ခရာ	e' kha ja
to spell (vt)	စာလုံးပေါင်းသည်	sa loun: baun: de
pronunciation	အသံထွက်	athan dwe'
accent	ဝဲသံ	we: dhan
with an accent	ဝဲသံနှင့်	we: dhan hnin.
without an accent	ဝဲသံမပါဘဲ	we: dhan ma. ba be:
word	စကားလုံး	zaga: loun:
meaning	အဓိပ္ပါယ်	adei' be

course (e.g., a French ~)	သင်တန်း	thin dan:
to sign up	စာရင်းသွင်းသည်	sajin: dhwin: de
teacher	ဆရာ	hsa ja
translation (process)	ဘာသာပြန်ခြင်း	ba dha bjan gjin:
translation (text, etc.)	ဘာသာပြန်ထားချက်	ba dha bjan da: gje'
translator	ဘာသာပြန်	ba dha bjan
interpreter	စကားပြန်	zaga: bjan
polyglot	ဘာသာစကားအများ ပြောနိုင်သူ	ba dha zaga: amja: bjo: nain dhu
memory	မှတ်ဉာဏ်	hma' njan

Rest. Entertainment. Travel

99. Trip. Travel

tourism, travel	ခရီးသွားလုပ်ငန်း	khaji: thwa: lou' ngan:
tourist	ကမ္ဘာလှည့်ခရီးသည်	ga ba hli. kha. ji: de
trip, voyage	ခရီးထွက်ခြင်း	khaji: htwe' chin:
adventure	စွန့်စားမှု	sun. za: hmu.
trip, journey	ခရီး	khaji:
vacation	ခွင့်ရက်	khwin. je'
to be on vacation	အခွင့်ယူသည်	akhwin. ju de
rest	အနားယူခြင်း	ana: ju gjin:
train	ရထား	jatha:
by train	ရထားနဲ့	jatha: ne.
airplane	လေယာဉ်	lei jan
by airplane	လေယာဉ်နဲ့	lei jan ne.
by car	ကားနဲ့	ka: ne.
by ship	သင်္ဘောနဲ့	thin: bo: ne.
luggage	ဝန်စည်စလည်	wun zi za. li
suitcase	သားရေသေတ္တာ	tha: jei dhi' ta
luggage cart	ပစ္စည်းတင်ရန်တွန်းလှည်း	pji' si: din jan dun: hle:
passport	နိုင်ငံကူးလက်မှတ်	nain ngan gu: le' hma'
visa	ဗီဇာ	bi za
ticket	လက်မှတ်	le' hma'
air ticket	လေယာဉ်လက်မှတ်	lei jan le' hma'
guidebook	လမ်းညွှန်စာအုပ်	lan: hnjun za ou'
map (tourist ~)	မြေပုံ	mjei boun
area (rural ~)	ဒေသ	dei dha.
place, site	နေရာ	nei ja
exotica (n)	အထူးအဆန်းပစ္စည်း	a htu: a hsan: bji' si:
exotic (adj)	အထူးအဆန်းဖြစ်သော	a htu: a hsan: hpja' te.
amazing (adj)	အံ့ဩစရာကောင်းသော	an. o: sa ja kaun de.
group	အုပ်စု	ou' zu.
excursion, sightseeing tour	လေ့လာရေးခရီး	lei. la jei: gaji:
guide (person)	လမ်းညွှန်	lan: hnjun

100. Hotel

hotel	ဟိုတယ်	hou te
motel	မိုတယ်	mou te
three-star (~ hotel)	ကြယ် ၃ ပွင့်အဆင့်	kje thoun: pwin. ahsin.
five-star	ကြယ် ၅ ပွင့်အဆင့်	kje nga: pwin. ahsin.
to stay (in a hotel, etc.)	တည်းခိုသည်	te: khou de
room	အခန်း	akhan:
single room	တစ်ယောက်ခန်း	ti' jau' khan:
double room	နှစ်ယောက်ခန်း	hni' jau' khan:
to book a room	ကြိုတင်မှာယူသည်	kjou tin hma ju de
half board	ကြိုတင်တဝက် ငွေရှေ့ရှင်း	kjou tin di' we' ngwe gjei gjin:
full board	ငွေအပြည့်ကြို တင်ပေးရေရှင်း	ngwei apjei. kjou din bei: chei chin:
with bath	ရေချိုးခန်းနှင့်	jei gjou gan: hnin.
with shower	ရေပန်းနှင့်	jei ban: hnin.
satellite television	ဂြိုဟ်တုရုပ်မြင်သံကြား	gjou' htu. jou' mjin dhan gja:
air-conditioner	လေအေးပေးစက်	lei ei: bei: ze'
towel	တဘက်	tabe'
key	သော့	tho.
administrator	အုပ်ချုပ်ရေးမှူး	ou' chu' jei: hmu:
chambermaid	သန့်ရှင်းရေးဝန်ထမ်း	than. shin: jei: wun dan:
porter, bellboy	အထမ်းသမား	a htan: dha. ma:
doorman	တံခါးဝမှ ဧည့်ကြို	daga: wa. hma. e. kjou
restaurant	စားသောက်ဆိုင်	sa: thau' hsain
pub, bar	ဘား	ba:
breakfast	နံနက်စာ	nan ne' za
dinner	ညစာ	nja. za
buffet	ဘူဖေး	bu hpei:
lobby	နားနေရောင်ခန်း	hna jaun gan:
elevator	ဓာတ်လှေကား	da' hlei ga:
DO NOT DISTURB	မနှောင့်ယှက်ရ	ma. hnaun hje' ja.
NO SMOKING	ဆေးလိပ်မသောက်ရ	hsei: lei' ma. dhau' ja.

TECHNICAL EQUIPMENT. TRANSPORTATION

Technical equipment

101. Computer

computer	ကွန်ပျူတာ	kun pju ta
notebook, laptop	လပ်တော့	la' to.
to turn on	ဖွင့်သည်	hpwin. de
to turn off	ပိတ်သည်	pei' te
keyboard	ကီးဘုတ်	kji: bou'
key	ကီး	kji:
mouse	မောက်စ်	mau's
mouse pad	မောက်စ်အောက်ခံပြား	mau's au' gan bja:
button	ခလုတ်	khalou'
cursor	ညွှန်မြား	hnjun: ma:
monitor	မော်နီတာ	mo ni ta
screen	မှန်သားပြင်	hman dha: bjin
hard disk	ဟွတ်ဒစ်-အရျက်အလက် သိမ်းပစ္စည်း	ha' di' akja' ale' thein: bji' si:
hard disk capacity	ဟတ်ဒစ်လိုလောင်နိုင်မှု	ha' di' thou laun nain hmu.
memory	မှတ်ဉာဏ်	hma' njan
random access memory	ရမ်	ran
file	ဖိုင်	hpain
folder	စာတွဲဖိုင်	sa dwe: bain
to open (vt)	ဖွင့်သည်	hpwin. de
to close (vt)	ပိတ်သည်	pei' te
to save (vt)	သိမ်းဆည်းသည်	thain: zain: de
to delete (vt)	ဖျက်သည်	hpje' te
to copy (vt)	မိတ္တူကူးသည်	mi' tu gu: de
to sort (vt)	ခွဲသည်	khwe: de
to transfer (copy)	ပြန်ကူးသည်	pjan gu: de
program	ပရိုဂရမ်	pa. jou ga. jan
software	ဆော့ဝဲ	hso. hp we:
programmer	ပရိုဂရမ်မာ	pa. jou ga. jan ma
to program (vt)	ပရိုဂရမ်ရေးသည်	pa. jou ga. jan jei: de
hacker	ဟက်ကာ	he' ka

English	Burmese	Pronunciation
password	စကားဝှက်	zaga: hwe'
virus	ဗိုင်းရတ်စ်	bain ja's
to find, to detect	ရှာဖွေသည်	sha hpwei de
byte	ဘိုက်	bai'
megabyte	မီဂါဘိုက်	mi ga bai'
data	အချက်အလက်	ache' ale'
database	ဒေတာဘေ့စ်	dei da bei. s
cable (USB, etc.)	ကေဘယ်ကြိုး	kei be kjou:
to disconnect (vt)	ဖြုတ်သည်	hpjei: de
to connect (sth to sth)	တပ်သည်	ta' te

102. Internet. E-mail

English	Burmese	Pronunciation
Internet	အင်တာနက်	in ta na'
browser	ဘရောက်ဆာ	ba. jau' hsa
search engine	ဆာ့ချ်အင်ဂျင်	hsa. ch in gjin
provider	ပံ့ပိုးသူ	pan. bou: dhu
webmaster	ဝဘ်မာစတာ	we' sai' ma sa. ta
website	ဝဘ်ဆိုက်	we' sai'
webpage	ဝဘ်ဆိုဒ်စာမျက်နှာ	we' sai' sa mje' hna
address (e-mail ~)	လိပ်စာ	lei' sa
address book	လိပ်စာမှတ်စု	lei' sa hmat' su.
mailbox	စာတိုက်ပုံး	sa dai' poun:
mail	စာ	sa
full (adj)	ပြည့်သော	pjei. de.
message	သတင်း	dhadin:
incoming messages	အဝင်သတင်း	awin dha din:
outgoing messages	အထွက်သတင်း	a htwe' tha. din:
sender	ပို့သူ	pou. dhu
to send (vt)	ပို့သည်	pou. de
sending (of mail)	ပို့ခြင်း	pou. gjin:
receiver	လက်ခံသူ	le' khan dhu
to receive (vt)	လက်ခံရရှိသည်	le' khan ja. shi. de
correspondence	စာအဆက်အသွယ်	sa ahse' athwe
to correspond (vi)	စာပေးစာယူလုပ်သည်	sa pei: za ju lou' te
file	ဖိုင်	hpain
to download (vt)	ဒေါင်းလော့ဒ်လုပ်သည်	daun: lo. d lou' de
to create (vt)	ဖန်တီးသည်	hpan di: de
to delete (vt)	ဖျက်သည်	hpje' te

English	Burmese	Pronunciation
deleted (adj)	ဖျက်ပြီးသော	hpje' pji: de.
connection (ADSL, etc.)	ဆက်သွယ်မှု	hse' thwe hmu.
speed	နှုန်း	hnun:
modem	မိုဒမ်	mou dan:
access	ဝင်လမ်း	win lan
port (e.g., input ~)	ဝဲဘက်	we: be'
connection (make a ~)	အချိတ်အဆက်	achei' ahse'
to connect to … (vi)	ချိတ်ဆက်သည်	chei' hse' te
to select (vt)	ရွေးချယ်သည်	jwei: che de
to search (for …)	ရှာသည်	sha de

103. Electricity

English	Burmese	Pronunciation
electricity	လျှပ်စစ်ဓာတ်အား	hlja' si' da' a:
electric, electrical (adj)	လျှပ်စစ်နှင့်ဆိုင်သော	hlja' si' hnin. zain de.
electric power plant	လျှပ်စစ်ထုတ်လုပ်သောစက်ရုံ	hlja' si' htou' lou' tho: ze' joun
energy	စွမ်းအင်	swan: in
electric power	လျှပ်စစ်စွမ်းအား	hlja' si' swan: a:
light bulb	မီးသီး	mi: dhi:
flashlight	ဓာတ်မီး	da' mi:
street light	လမ်းမီး	lan: mi:
light	အလင်းရောင်	alin: jaun
to turn on	ဖွင့်သည်	hpwin. de
to turn off	ပိတ်သည်	pei' te
to turn off the light	မီးပိတ်သည်	mi: pi' te
to burn out (vi)	မီးကျွမ်းသည်	mi: kjwan: de
short circuit	လျှပ်ပီးပတ်လမ်းပြတ်ခြင်း	hlja' si: ba' lan: bja' chin:
broken wire	ဝိုင်ယာကြိုးအပြတ်	wain ja gjou: apja'
contact (electrical ~)	လျှပ်ကူးပစ္စည်း	hlja' ku: pji' si:
light switch	ခလုတ်	khalou'
wall socket	ပလပ်ပေါက်	pa. la' pau'
plug	ပလပ်	pa. la'
extension cord	ကြားဆက်ကြိုး	ka: ze' kjou:
fuse	ဖျူစ်	hpju: s
cable, wire	ဝိုင်ယာကြိုး	wain ja gjou:
wiring	လျှပ်စစ်ကြိုးသွယ်တန်းမှု	hlja' si' kjou: dhwe dan: hmu
ampere	အမ်ပီယာ	an bi ja
amperage	အသံချဲ့စက်	athan che. zek
volt	ဗို့	boi.
voltage	ဗို့အား	bou. a:

English	Burmese	Pronunciation
electrical device	လျှပ်စစ်ပစ္စည်း	hlja' si' pji' si:
indicator	အချက်ပြ	ache' pja.
electrician	လျှပ်စစ်ပညာရှင်	hlja' si' pa. nja shin
to solder (vt)	ဂဟေဆော်သည်	gahei hso de
soldering iron	ဂဟေဆော်တံ	gahei hso dan
electric current	လျှပ်စီးကြောင်း	hlja' si: gjaun:

104. Tools

English	Burmese	Pronunciation
tool, instrument	ကိရိယာ	ki. ji. ja
tools	ကိရိယာများ	ki. ji. ja mja:
equipment (factory ~)	စက်ကိရိယာပစ္စည်းများ	se' kari. ja pji' si; mja:
hammer	တူ	tu
screwdriver	ဝက်အူလှည့်	we' u hli.
ax	ပုဆိန်	pahsein
saw	လွှ	hlwa.
to saw (vt)	လွှတိုက်သည်	hlwa. dai' de
plane (tool)	ရွှေပေါ်	jwei bo
to plane (vt)	ရွှေပေါ်ထိုးသည်	jwei bo dou: de
soldering iron	ဂဟေဆော်တံ	gahei hso dan
to solder (vt)	ဂဟေဆော်သည်	gahei hso de
file (tool)	တံစဉ်း	tan zin:
carpenter pincers	သံနှုတ်	than hnou'
lineman's pliers	ပလာယာ	pa. la ja
chisel	ဆောက်	hsau'
drill bit	လွန်	lun
electric drill	လျှပ်စစ်လွန်	hlja' si' lun
to drill (vi, vt)	လွန်ဖြင့်ဖောက်သည်	lun bjin. bau' de
knife	ဓား	da:
pocket knife	မောင်းကျက်ဓား	maun: gje' da:
blade	ဓားသွား	da: dhwa
sharp (blade, etc.)	ချွန်ထက်သော	chwan de' te.
dull, blunt (adj)	တုံးသော	toun: dho:
to get blunt (dull)	တုံးသွားသည်	toun: dwa de
to sharpen (vt)	သွေးသည်	thwei: de
bolt	မူလီ	mu li
nut	မူလီခေါင်း	mu li gaun:
thread (of a screw)	ဝက်အူရစ်	we' u ji'
wood screw	ဝက်အူ	we' u
nail	အိမ်ရိုက်သံ	ein jai' than
nailhead	သံခေါင်း	than gaun:

English	Burmese	Pronunciation
ruler (for measuring)	ပေတံ	pei dan
tape measure	ပေကြိုး	pei gjou:
spirit level	ရေချိန်	jei gjain
magnifying glass	မှန်ဘီလူး	hman bi lu:
measuring instrument	တိုင်းသည့်ကိရိယာ	tain: dhi. ki. ji. ja
to measure (vt)	တိုင်းသည်	tain: de
scale (of thermometer, etc.)	စကေး	sakei:
readings	ပြသောပမာဏ	pja. dho: ba ma na.
compressor	ဖိသိပ်စက်	hpi. dhi' se'
microscope	အကကြည့်ကိရိယာ	anu gji. gi. ji. ja
pump (e.g., water ~)	လေထိုးစက်	lei dou: ze'
robot	စက်ရုပ်	se' jou'
laser	လေဆာ	lei za
wrench	ခွ	khwa.
adhesive tape	တိပ်	tei'
glue	ကော်	ko
sandpaper	ကော်ဖတ်စတ္တူ	ko hpa' se' ku
spring	ညွတ်သံခွေ	hnju' dhan gwei
magnet	သံလိုက်	than lai'
gloves	လက်အိတ်	lei' ei'
rope	ကြိုး	kjou:
cord	ကြိုးလုံး	kjou: loun:
wire (e.g., telephone ~)	ဝိုင်ယာကြိုး	wain ja gjou:
cable	ကေဘယ်ကြိုး	kei be kjou:
sledgehammer	တူကြီး	tou gji:
prybar	တူးရှင်း	tu: jwin:
ladder	လှေကား	hlei ga:
stepladder	ခေါက်လှေကား	khau' hlei ka:
to screw (tighten)	ဝက်အူကျစ်သည်	we' u gji' te
to unscrew (lid, filter, etc.)	ဝက်အူဖြုတ်သည်	we' u bju' te
to tighten (e.g., with a clamp)	ကျပ်သည်	kja' te.
to glue, to stick	ကော်ကပ်သည်	ko ka' de
to cut (vt)	ဖြတ်သည်	hpja' te
malfunction (fault)	ချွတ်ယွင်းချက်	chwe' jwin: che'
repair (mending)	ပြန်လည်ပြင်ဆင်ခြင်း	pjan le: bjin zin gjin:
to repair, to fix (vt)	ပြန်လည်ပြင်ဆင်သည်	pjan le bjin zin de
to adjust (machine, etc.)	ညှိသည်	hnji. de
to check (to examine)	စစ်ဆေးသည်	si' hsei: de
checking	စစ်ဆေးခြင်း	si' hsei: gjin:
readings	ပြသောပမာဏ	pja. dho: ba ma na.

reliable, solid (machine)	စိတ်ချရသော	sei' cha. ja. de.
complex (adj)	ရှုပ်ထွေးသော	sha' htwei: de.
to rust (get rusted)	သံချေးတက်သည်	than gjei: da' te
rusty, rusted (adj)	သံချေးတက်သော	than gjei: da' te.
rust	သံချေး	than gjei:

Transportation

105. Airplane

airplane	လေယာဉ်	lei jan
air ticket	လေယာဉ်လက်မှတ်	lei jan le' hma'
airline	လေကြောင်း	lei gjaun:
airport	လေဆိပ်	lei zi'
supersonic (adj)	အသံထက်မြန်သော	athan de' mjan de.
captain	လေယာဉ်မှူး	lei jan hmu:
crew	လေယာဉ်အမှုထမ်းအဖွဲ့	lei jan ahmu. dan: ahpwe.
pilot	လေယာဉ်မောင်းသူ	lei jan maun dhu
flight attendant (fem.)	လေယာဉ်မယ်	lei jan me
navigator	လေကြောင်းပြ	lei gjaun: bja.
wings	လေယာဉ်တောင်ပံ	lei jan daun ban
tail	လေယာဉ်အမြီး	lei jan amji:
cockpit	လေယာဉ်မောင်းအခန်း	lei jan maun akhan:
engine	အင်ဂျင်	in gjin
undercarriage (landing gear)	အောက်ခံဘောင်	au' khan baun
turbine	တာဘိုင်	ta bain
propeller	ပန်ကာ	pan ga
black box	ဘလက်ဘောက်	ba. le' bo'
yoke (control column)	ပဲ့ကိုင်ဘီး	pe. gain bi:
fuel	လောင်စာ	laun za
safety card	အရေးပေါ် လုံခြုံရေး ညွှန်ကြားစာ	ajei: po' choun loun jei: hnjun gja: za
oxygen mask	အောက်ဆီဂျင်မျက်နှာဖုံး	au' hsi gjin mje' hna hpoun:
uniform	ယူနီဖောင်း	ju ni hpaun:
life vest	အသက်ကယ်အင်္ကျီ	athe' kai in: gji
parachute	လေထီး	lei di:
takeoff	ထွက်ခွာခြင်း	htwe' khwa gjin:
to take off (vi)	ပျံတက်သည်	pjan de' te
runway	လေယာဉ်ပြေးလမ်း	lei jan bei: lan:
visibility	မြင်ကွင်း	mjin gwin:
flight (act of flying)	ပျံသန်းခြင်း	pjan dan: gjin:
altitude	အမြင့်	amjin.
air pocket	လေမပြည့်အရပ်	lei ma ngjin aja'
seat	ထိုင်ခုံ	htain goun

headphones	နားကြပ်	na: kja'
folding tray (tray table)	ခေါက်စားပွဲ	khau' sa: bwe:
airplane window	လေယာဉ်ပြတင်းပေါက်	lei jan bja. din: bau'
aisle	မင်းလမ်း	min: lan:

106. Train

train	ရထား	jatha:
commuter train	လျပ်စစ်ဓာတ်အားသုံးရထား	hlja' si' da' a: dhou: ja da:
express train	အမြန်ရထား	aman ja. hta:
diesel locomotive	ဒီဇယ်ရထား	di ze ja da:
steam locomotive	ရေနွေးငွေ့စက်ခေါင်း	jei nwei: ngwei. ze' khaun:
passenger car	အတွဲ	atwe:
dining car	စားသောက်တွဲ	sa: thau' thwe:
rails	ရထားသံလမ်း	jatha dhan lan:
railroad	ရထားလမ်း	jatha: lan:
railway tie	ဇလီဖားတုံး	zali ba: doun
platform (railway ~)	စကြံ	sin gjan
track (~ 1, 2, etc.)	ရထားစကြံ	jatha zin gjan
semaphore	မီးပွိုင့်	mi: bwain.
station	ဘူတာရုံ	bu da joun
engineer (train driver)	ရထားမောင်းသူ	jatha: maun: dhu
porter (of luggage)	အထမ်းသမား	a htan: dha. ma:
car attendant	အစောင့်	asaun.
passenger	ခရီးသည်	khaji: de
conductor (ticket inspector)	လက်မှတ်စစ်ဆေးသူ	le' hma' ti' hsei: dhu:
corridor (in train)	ကော်ရစ်တာ	ko ji' ta
emergency brake	အရေးပေါ် ဘရိတ်	ajei: po' ba ji'
compartment	အခန်း	akhan:
berth	အိပ်စင်	ei' zin
upper berth	အပေါ်ထပ်အိပ်စင်	apo htap ei' sin
lower berth	အောက်ထပ်အိပ်စင်	au' hta' ei' sin
bed linen, bedding	အိပ်ရာခင်း	ei' ja khin:
ticket	လက်မှတ်	le' hma'
schedule	အချိန်ဇယား	achein zaja:
information display	အချက်အလက်ပြနေရာ	ache ale' pja. nei ja
to leave, to depart	ထွက်ခွါသည်	htwe' khwa de
departure (of train)	အထွက်	a htwe'
to arrive (ab. train)	ဆိုက်ရောက်သည်	hseu' jau' de
arrival	ဆိုက်ရောက်ရာ	hseu' jau' ja
to arrive by train	မီးရထားဖြင့်ရောက်ရှိသည်	mi: ja. da: bjin. jau' shi. de

to get on the train	မီးရထားစီးသည်	mi: ja. da: zi: de
to get off the train	မီးရထားမှဆင်းသည်	mi: ja. da: hma. zin: de
train wreck	ရထားတိုက်ခြင်း	jatha: dai' chin:
to derail (vi)	ရထားလမ်းချော်သည်	jatha: lan: gjo de
steam locomotive	ရေနွေးငွေ့စက်ခေါင်း	jei nwei: ngwei. ze' khaun:
stoker, fireman	မီးထိုးသမား	mi: dou: dhama:
firebox	မီးဖို	mi: bou
coal	ကျောက်မီးသွေး	kjau' mi dhwei:

107. Ship

ship	သင်္ဘော	thin: bo:
vessel	ရေယာဉ်	jei jan
steamship	မီးသင်္ဘော	mi: dha. bo:
riverboat	အပျော်စီးမော်တော်ဘုတ်ငယ်	apjo zi: mo do bou' nge
cruise ship	ပင်လယ်အပျော်စီးသင်္ဘော	pin le apjo zi: dhin: bo:
cruiser	လေယာဉ်တင်သင်္ဘော	lei jan din
yacht	အပျော်စီးရွက်လှေ	apjo zi: jwe' hlei
tugboat	ဆွဲသင်္ဘော	hswe: thin: bo:
barge	ဖောင်	hpaun
ferry	ကူးတို့သင်္ဘော	gadou. thin: bo:
sailing ship	ရွက်သင်္ဘော	jwe' thin: bo:
brigantine	ရွက်လှေ	jwe' hlei
ice breaker	ရေခဲပြင်ခွဲသင်္ဘော	jei ge: bjin gwe: dhin: bo:
submarine	ရေငုပ်သင်္ဘော	jei ngou' thin: bo:
boat (flat-bottomed ~)	လှေ	hlei
dinghy (lifeboat)	ရော်ဘာလှေ	jo ba hlei
lifeboat	အသက်ကယ်လှေ	athe' kai hlei
motorboat	မော်တော်ဘုတ်	mo to bou'
captain	ရေယာဉ်မှူး	jei jan hmu:
seaman	သင်္ဘောသား	thin: bo: dha:
sailor	သင်္ဘောသား	thin: bo: dha:
crew	သင်္ဘောအမှုထမ်းအဖွဲ့	thin: bo: ahmu. htan: ahpwe.
boatswain	ရေတပ်အရာရှိငယ်	jei da' aja shi. nge
ship's boy	သင်္ဘောသားကလေး	thin: bo: dha: galei:
cook	ထမင်းချက်	htamin: gje'
ship's doctor	သင်္ဘောဆရာဝန်	thin: bo: zaja wun
deck	သင်္ဘောကုန်းပတ်	thin: bo: koun: ba'
mast	ရွက်တိုင်	jwe' tai'

English	Burmese	Pronunciation
sail	ရွက်	jwe'
hold	ဝမ်းတွင်း	wan: twin:
bow (prow)	ဦးစွန်း	u: zun:
stern	ပဲ့ပိုင်း	pe. bain:
oar	လှော်တက်	hlo de'
screw propeller	သင်္ဘောပန်ကာ	thin: bo: ban ga
cabin	သင်္ဘောပေါ်မှအခန်း	thin: bo: bo hma. aksan:
wardroom	အရာရှိများရှိသော	aja shi. mja: jin dha
engine room	စက်ခန်း	se' khan:
bridge	ကွပ်ကဲခန်း	ku' ke: khan:
radio room	ရေဒီယိုခန်း	rei di jou gan:
wave (radio)	လှိုင်း	hlain:
logbook	မှတ်တမ်းစာအုပ်	hma' tan: za ou'
spyglass	အဝေးကြည့်မှန်ပြောင်း	awei: gji. hman bjaun:
bell	ခေါင်းလောင်း	gaun: laun:
flag	အလံ	alan
hawser (mooring ~)	သင်္ဘောသုံးလွန်ကြိုး	thin: bo: dhaun: lun gjou:
knot (bowline, etc.)	ကြိုးထုံး	kjou: htoun:
deckrails	လက်ရန်း	le' jan
gangway	သင်္ဘောကုန်းပေါင်	thin: bo: koun: baun
anchor	ကျောက်ဆူး	kjau' hsu:
to weigh anchor	ကျောက်ဆူးနုတ်သည်	kjau' hsu: nou' te
to drop anchor	ကျောက်ဆူးချသည်	kjau' cha. de
anchor chain	ကျောက်ဆူးကြိုး	kjau' hsu: kjou:
port (harbor)	ဆိပ်ကမ်း	hsi' kan:
quay, wharf	သင်္ဘောဆိပ်	thin: bo: zei'
to berth (moor)	ဆိုက်ကပ်သည်	hseu' ka' de
to cast off	စွန့်ပစ်သည်	sun. bi' de
trip, voyage	ခရီးထွက်ခြင်း	khaji: htwe' chin:
cruise (sea trip)	အပျော်ခရီး	apjo gaji:
course (route)	ဦးတည်ရာ	u: ti ja
route (itinerary)	လမ်းကြောင်း	lan: gjaun:
fairway (safe water channel)	သင်္ဘောရေကြောင်း	thin: bo: jei gjaun:
shallows	ရေတိမ်ပိုင်း	jei dein bain:
to run aground	ကမ်းကပ်သည်	kan ka' te
storm	မုန်တိုင်း	moun dain:
signal	အချက်ပြ	ache' pja.
to sink (vi)	နစ်မြုပ်သည်	ni' mjou' te
Man overboard!	လူရေထဲကျ	lu jei de: gja
SOS (distress signal)	အက်စ်အိုအက်စ်	e's o e's
ring buoy	အသက်ကယ်ဘော	athe' kai bo

108. Airport

airport	လေဆိပ်	lei zi'
airplane	လေယာဉ်	lei jan
airline	လေကြောင်း	lei gjaun:
air traffic controller	လေကြောင်းထိန်း	lei kjaun: din:
departure	ထွက်ခွာရာ	htwe' khwa ja
arrival	ဆိုက်ရောက်ရာ	hseu' jau' ja
to arrive (by plane)	ဆိုက်ရောက်သည်	hsai' jau' te
departure time	ထွက်ခွာချိန်	htwe' khwa gjein
arrival time	ဆိုက်ရောက်ချိန်	hseu' jau' chein
to be delayed	နောက်ကျသည်	nau' kja. de
flight delay	လေယာဉ်နောက်ကျခြင်း	lei jan nau' kja. chin:
information board	လေယာဉ်ခရီးစဉ်ပြဘုတ်	lei jan ga. ji: zi bja. bou'
information	သတင်းအချက်အလက်	dhadin: akje' ale'
to announce (vt)	ကြေငြာသည်	kjei nja de
flight (e.g., next ~)	ပျံသန်းမှု	pjan dan: hmu.
customs	အကောက်ဆိပ်	akau' hsein
customs officer	အကောက်ခွန်အရာရှိ	akau' khun aja shi.
customs declaration	အကောက်ခွန်ကြေငြာချက်	akau' khun gjei nja gje'
to fill out (vt)	လျှောက်လွှာဖြည့်သည်	shau' hlwa bji. de
to fill out the declaration	သူ့ပုပ္ပုစ္ဆာစာရင်းကြေညာသိသည်	the ju pji' si: zajin: kjei nja de
passport control	ပတ်စ်ပို့ထိန်းချုပ်မှု	pa's pou. htein: gju' hmu.
luggage	ဝန်စည်စလယ်	wun zi za. li
hand luggage	လက်ဆွဲပစ္စည်း	le' swe: pji' si:
luggage cart	ပစ္စည်းတင်သည့်လှည်း	pji' si: din dhe. hle:
landing	ဆင်းသက်ခြင်း	hsin: dha' chin:
landing strip	အဆင်းလမ်း	ahsin: lan:
to land (vi)	ဆင်းသက်သည်	hsin: dha' te
airstair (passenger stair)	လေယာဉ်လှေကား	lei jan hlei ka:
check-in	စာရင်းသွင်းခြင်း	sajin: dhwin: gjin:
check-in counter	စာရင်းသွင်းကောင်တာ	sajin: gaun da
to check-in (vi)	စာရင်းသွင်းသည်	sajin: dhwin: de
boarding pass	လေယာဉ်ပေါ်တက်ခွင့်လက်မှတ်	lei jan bo de' khwin. le' hma'
departure gate	လေယာဉ်ထွက်ခွာရာဂိတ်	lei jan dwe' khwa ja gei'
transit	အကူးအပြောင်း	aku: apjaun:
to wait (vt)	စောင့်သည်	saun. de
departure lounge	ထွက်ခွာရာခန်းမ	htwe' kha ja gan: ma.
to see off	လိုက်ပို့သည်	lai' bou. de
to say goodbye	နှုတ်ဆက်သည်	hnou' hsei' te

Life events

109. Holidays. Event

celebration, holiday	ပျော်ပွဲရှင်ပွဲ	pjo bwe: shin bwe:
national day	အမျိုးသားနေ့	amjou: dha: nei.
public holiday	ပွဲတော်ရက်	pwe: do je'
to commemorate (vt)	အထိမ်းအမှတ်အဖြစ်ကျင်း ပသည်	a htin: ahma' ahpja' kjin: ba. de
event (happening)	အဖြစ်အပျက်	a hpji' apje'
event (organized activity)	အစီအစဉ်	asi asin
banquet (party)	ဂုဏ်ပြုစားပွဲ	goun bju za: bwe:
reception (formal party)	ညွှေ့ကြိုနေရာ	e. gjou nei ja
feast	စားသောက်ညှစ်ခံပွဲ	sa: thau' e. gan bwe:
anniversary	နှစ်ပတ်လည်	hni' ba' le
jubilee	ရတု	jadu.
to celebrate (vt)	ကျင်းပသည်	kjin: ba. de
New Year	နှစ်သစ်ကူး	hni' thi' ku:
Happy New Year!	ပျော်ရွှင်ဖွယ်နှစ်သစ်ကူး ဖြစ်ပါစေ	pjo shin bwe: hni' ku: hpji' ba zei
Santa Claus	ခရစ္စမတ်ဘိုးဘိုး	khari' sa. ma' bou: bou:
Christmas	ခရစ္စမတ်ပွဲတော်	khari' sa. ma' pwe: do
Merry Christmas!	မယ်ရီခရစ္စမတ်	me ji kha. ji' sa. ma'
Christmas tree	ခရစ္စမတ်သစ်ပင်	khari' sa. ma' thi' pin
fireworks (fireworks show)	မီးရှူးမီးပန်း	mi: shu: mi: ban:
wedding	မင်္ဂလာဆောင်ပွဲ	min ga. la zaun bwe:
groom	သတို့သား	dhadou. tha:
bride	သတို့သမီး	dhadou. thami:
to invite (vt)	ဖိတ်သည်	hpi' de
invitation card	ဖိတ်စာကဒ်	hpi' sa ka'
guest	ဧည့်သည်	e. dhe
to visit (~ your parents, etc.)	အိမ်လည်သွားသည်	ein le dhwa: de
to meet the guests	ဧည့်သည်ကြိုဆိုသည်	e. dhe gjou zou de
gift, present	လက်ဆောင်	le' hsaun
to give (sth as present)	ပေးသည်	pei: de
to receive gifts	လက်ဆောင်ရသည်	le' hsaun ja. de
bouquet (of flowers)	ပန်းစည်း	pan: ze:

| congratulations | ဂုဏ်ပြုခြင်း | goun bju chin: |
| to congratulate (vt) | ဂုဏ်ပြုသည် | goun bju de |

greeting card	ဂုဏ်ပြုကဒ်	goun bju ka'
to send a postcard	ပို့စ်ကဒ်ပေးသည်	pou. s ka' pei de
to get a postcard	ပို့စ်ကဒ်လက်ခံရရှိသည်	pou. s ka' le' khan ja. shi. de

toast	ဆုတောင်းဂုဏ်ပြုခြင်း	hsu. daun: goun pju. gjin:
to offer (a drink, etc.)	ကျွေးသည်	kjwei: de
champagne	ရှန်ပိန်	shan pein

to enjoy oneself	ပျော်ရွှင်သည်	pjo shwin de
merriment (gaiety)	ပျော်ရွှင်မှု	pjo shwin hmu
joy (emotion)	ပျော်ရွှင်ခြင်း	pjo shwin gjin:

| dance | အက | aka. |
| to dance (vi, vt) | ကသည် | ka de |

| waltz | ဝေါ့ဇ်အက | wo. z aka. |
| tango | တန်ဂိုအက | tan gou aka. |

110. Funerals. Burial

cemetery	သင်္ချိုင်း	thin gjain:
grave, tomb	အုတ်ဂူ	ou' gu
cross	လက်ဝါးကပ်တိုင်အမှတ်အသား	le' wa: ka' tain ahma' atha:

gravestone	အုတ်ဂူကျောက်တုံး	ou' gu kjau' toun.
fence	ခြံစည်းရိုး	chan zi: jou:
chapel	ဝတ်ပြုဆုတောင်းရာနေရာ	wa' pju. u. daun: ja nei ja

death	သေခြင်းတရား	thei gjin: daja:
to die (vi)	ကွယ်လွန်သည်	kwe lun de
the deceased	ကွယ်လွန်သူ	kwe lun dhu
mourning	ဝမ်းနည်းကြေကွဲခြင်း	wan: ne: gjei gwe gjin:

to bury (vt)	မြေမြှုပ်သင်္ဂြိုဟ်သည်	mjei hmjou' dha. gjoun de
funeral home	အသုဘရှုံနေရာ	athu. ba. shu. jan nei ja
funeral	စျာပန	za ba. na.

wreath	ပန်းခွေ	pan gwei
casket, coffin	ခေါင်း	gaun:
hearse	နိဗ္ဗာန်ယာဉ်	nei' ban jan
shroud	လူသေပတ်သည့်အဝတ်စ	lu dhei ba' the. awa' za.

funeral procession	အသုဘယာဉ်တန်း	athu. ba. in dan:
funerary urn	အရိုးပြာအိုး	ajain: bja ou:
crematory	မီးသဂြိုလ်ရုံ	mi: dha. gjoun joun
obituary	နာရေးသတင်း	na jei: dha. din:

111. War. Soldiers

platoon	တပ်စု	ta' su.
company	တပ်ခွဲ	ta' khwe:
regiment	တပ်ရင်း	ta' jin:
army	တပ်မတော်	ta' mado
division	တိုင်းအဆင့်	tain: ahsin.

section, squad	အထူးစစ်သားအဖွဲ့ငယ်	a htu: za' tha: ahpwe. nge
host (army)	စစ်တပ်ဖွဲ့	si' ta' hpwe.

soldier	စစ်သား	si' tha:
officer	အရာရှိ	aja shi.

private	တပ်သား	ta' tha:
sergeant	တပ်ကြပ်ကြီး	ta' kja' kji:
lieutenant	ဗိုလ်	bou
captain	ဗိုလ်ကြီး	bou gji
major	ဗိုလ်မှူး	bou hmu:
colonel	ဗိုလ်မှူးကြီး	bou hmu: gji:
general	ဗိုလ်ချုပ်	bou gjou'

sailor	ရေတပ်သား	jei da' tha:
captain	ဗိုလ်ကြီး	bou gji
boatswain	သင်္ဘောအရာရှိငယ်	thin: bo: aja shi. nge

artilleryman	အမြောက်တပ်သား	amjau' thin de.
paratrooper	လေထီးခုန်စစ်သား	lei di: goun zi' tha:
pilot	လေယာဉ်မှူး	lei jan hmu:
navigator	လေကြောင်းပြ	lei gjaun: bja.
mechanic	စက်ပြင်ဆရာ	se' pjin zaja

pioneer (sapper)	မိုင်းရှင်းသူ	main: shin: dhu
parachutist	လေထီးခုန်သူ	lei di: goun dhu
reconnaissance scout	ကင်းထောက်	kin: dau'
sniper	လက်ဖြောင့်စစ်သား	le' hpaun. zi' tha:

patrol (group)	လှည့်ကင်း	hle. kin:
to patrol (vt)	ကင်းလှည့်သည်	kin: hle. de
sentry, guard	ကင်းသမား	kin: dhama:

warrior	စစ်သည်	si' te
patriot	မျိုးချစ်သူ	mjou: gji dhu
hero	သူရဲကောင်း	thu je: kaun:
heroine	အမျိုးသမီးလူ စွမ်းကောင်း	amjou: dhami: lu swan: gaun:
traitor	သစ္စာဖောက်	thi' sabau'

English	Burmese	Pronunciation
to betray (vt)	သစ္စာဖောက်သည်	thi' sabau' te
deserter	စစ်ပြေး	si' pjei:
to desert (vi)	စစ်တပ်မှထွက်ပြေးသည်	si' ta' hma. dwe' pjei: de
mercenary	ကြေးစားစစ်သား	kjei: za za' tha:
recruit	တပ်သားသစ်	ta' tha: dhi'
volunteer	မိမိ၏ဆန္ဒ အရစစ်ထဲဝင်သူ	mi. mi. i zan da. aja. zi' hte: win dhu
dead (n)	တိုက်ပွဲကျသူ	tai' pwe: gja dhu
wounded (n)	ဒဏ်ရာရသူ	dan ja ja. dhu
prisoner of war	စစ်သုံ့ပန်း	si' thoun. ban:

112. War. Military actions. Part 1

English	Burmese	Pronunciation
war	စစ်ပွဲ	si' pwe:
to be at war	စစ်ပွဲပါဝင်ဆင် နွှဲသည်	si' pwe: ba win zin hnwe: de
civil war	ပြည်တွင်းစစ်	pji dwin: zi'
treacherously (adv)	သစ္စာဖောက်သွေဖီလျက်	thi' sabau' thwei bi le'
declaration of war	စစ်ကြေငြာခြင်း	si' kjei nja gjin:
to declare (~ war)	ကြေငြာသည်	kjei nja de
aggression	ကျူးကျော်ရန်စမှု	kju: gjo jan za. hmu.
to attack (invade)	တိုက်ခိုက်သည်	tai' khai' te
to invade (vt)	ကျူးကျော်ဝင်ရောက်သည်	kju: gjo win jau' te
invader	ကျူးကျော်ဝင်ရောက်သူ	kju: gjo win jau' thu
conqueror	အောင်နိုင်သူ	aun nain dhu
defense	ကာကွယ်ရေး	ka gwe ei:
to defend (a country, etc.)	ကာကွယ်သည်	ka gwe de
to defend (against …)	ခံကာကွယ်သည်	khu. gan ga gwe de
enemy	ရန်သူ	jan dhu
foe, adversary	ပြိုင်ဘက်	pjain be'
enemy (as adj)	ရန်သူ	jan dhu
strategy	မဟာဗျူဟာ	maha bju ha
tactics	ဗျူဟာ	bju ha
order	အမိန့်	amin.
command (order)	အမိန့်	amin.
to order (vt)	အမိန့်ပေးသည်	amin. bei: de
mission	ရည်မှန်းချက်	ji hman: gje'
secret (adj)	လျှို့ဝှက်သော	shou. hwe' te.
battle	တိုက်ပွဲငယ်	tai' pwe: nge
combat	တိုက်ပွဲ	tai' pwe:

English	Burmese	Pronunciation
attack	တိုက်စစ်	tai' si'
charge (assault)	တဟုန်ထိုးတိုက်ခိုက်ခြင်း	tahoun
to storm (vt)	တရှုန်ကျန်းတိုက်ခိုက်သည်	tara gjan: dai' khai' te
siege (to be under ~)	ဝန်းရံလုပ်ကြံခြင်း	wun: jan lou' chan gjin:
offensive (n)	ထိုးစစ်	htou' zi'
to go on the offensive	ထိုးစစ်ဆင်နွှဲသည်	htou' zi' hsin hnwe: de
retreat	ဆုတ်ခွာခြင်း	hsou' khwa gjin
to retreat (vi)	ဆုတ်ခွာသည်	hsou' khwa de
encirclement	ဝန်းရံပိတ်ဆို့ထားခြင်း	wun: jan bei' zou. da: chin:
to encircle (vt)	ဝန်းရံပိတ်ဆို့ထားသည်	wun: jan bei' zou. da: de
bombing (by aircraft)	ဗုံးကြဲခြင်း	boun: gje: gja. gjin:
to drop a bomb	ဗုံးကြဲသည်	boun: gje: gja. de
to bomb (vt)	ဗုံးကြဲတိုက်ခိုက်သည်	boun: gje: dai' khai' te
explosion	ပေါက်ကွဲမှု	pau' kwe: hmu.
shot	ပစ်ချက်	pi' che'
to fire (~ a shot)	ပစ်သည်	pi' te
firing (burst of ~)	ပစ်ခတ်ခြင်း	pi' che' chin:
to aim (to point a weapon)	ပစ်မှတ်ရှိန်သည်	pi' hma' chein de
to point (a gun)	ရှိန်ရွယ်သည်	chein jwe de
to hit (the target)	ပစ်မှတ်ထိသည်	pi' hma' hti. de
to sink (~ a ship)	နစ်မြုပ်သည်	ni' mjou' te
hole (in a ship)	အပေါက်	apau'
to founder, to sink (vi)	နစ်မြုပ်သည်	hni' hmjou' te
front (war ~)	ရှေ့တန်း	shei. dan:
evacuation	စစ်ဘေးရှောင်ခြင်း	si' bei: shaun gjin:
to evacuate (vt)	စစ်ဘေးရှောင်သည်	si' bei: shaun de
trench	ကတုတ်ကျင်း	gadou kjin:
barbwire	သံဆူးကြိုး	than zu: gjou:
barrier (anti tank ~)	အတားအဆီး	ata: ahsi:
watchtower	မျှော်စင်	hmjo zin
military hospital	ရှေ့တန်းစစ်ဆေးရုံ	shei. dan: zi' zei: joun
to wound (vt)	ဒဏ်ရာရသည်	dan ja ja. de
wound	ဒဏ်ရာ	dan ja
wounded (n)	ဒဏ်ရာရသူ	dan ja ja. dhu
to be wounded	ဒဏ်ရာရစေသည်	dan ja ja. zei de
serious (wound)	ပြင်းထန်သော	pjin: dan dho:

113. War. Military actions. Part 2

English	Burmese	Pronunciation
captivity	သုံ့ပန်း	thoun. ban:
to take captive	သုံ့ပန်းအဖြစ်ဖမ်းသည်	thoun. ban: ahpji' hpan: de

English	Burmese	Pronunciation
to be held captive	သုံ့ပန်းဖြစ်သွားသည်	thoun. ban: bji' thwa: de
to be taken captive	သုံ့ပန်းအဖြစ် အဖမ်းခံရသည်	thoun. ban: ahpji' ahpan: gan ja. de
concentration camp	ညှင်းပန်းနှိပ်စက် ရာစခန်း	hnjin: ban: nei' ze' ja za. gan:
prisoner of war	စစ်သုံ့ပန်း	si' thoun. ban:
to escape (vi)	လွတ်မြောက်သည်	lu' mjau' te
to betray (vt)	သစ္စာဖောက်သည်	thi' sabau' te
betrayer	သစ္စာဖောက်သူ	thi' sabau' thu
betrayal	သစ္စာဖောက်မှု	thi' sabau' hmu.
to execute (by firing squad)	ပစ်သတ်ကွပ်မျက်ခံရသည်	pi' tha' ku' mje' khan ja. de
execution (by firing squad)	ပစ်သတ်ကွပ်မျက်ခြင်း	pi' tha' ku' mje' chin:
equipment (military gear)	ပစ္စည်းတိရိယာများ	pji' si: gi. ji. ja mja:
shoulder board	ပခုံးဘားတန်း	pakhoun: ba: dan:
gas mask	ဓာတ်ငွေ့ကာ မျက်နှာဖုံး	da' ngwei. ga mje' na boun:
field radio	ရေဒီယိုစက်ကွင်း	rei di jou ze' kwin:
cipher, code	လျှို့ဝှက် ကုဒ်သင်္ကေတ	shou. hwe' kou' dha
secrecy	လျှို့ဝှက်ခြင်း	shou hwe' chin:
password	စကားဝှက်	zaga: hwe'
land mine	မြေမြှုပ်မိုင်း	mjei hmja' main:
to mine (road, etc.)	မိုင်းထောင်သည်	main: daun de
minefield	မိုင်းမြေ	main: mjei
air-raid warning	လေကြောင်းအန္တရာယ်သ တိပေးညှည်သံ	lei kjan: an da. ja dha. di. bei: nja. o. dhan
alarm (alert signal)	သတိပေးခေါင်း လောင်းသံ	dhadi. pei: gaun: laun' dhan
signal	အချက်ပြ	ache' pja.
signal flare	အချက်ပြမီးကျည်	ache' pja. mi: gji
headquarters	ဌာနချုပ်	hta. na. gjou'
reconnaissance	ထောက်လှမ်းခြင်း	htau' hlan: gjin:
situation	အခြေအနေ	achei anei
report	အစီရင်ခံစာ	asi jin gan za
ambush	ချုံဝှိုက်တိုက်ခိုက်ခြင်း	choun gou dai' khai' chin:
reinforcement (of army)	စစ်ကူ	si' ku
target	ပစ်မှတ်	pi' hma'
proving ground	လေ့ကျင့်ရေးကွင်း	lei. kjin. jei: gwin:
military exercise	စစ်ရေးလေ့ကျင့်မှု	si' jei: lei. gjin. hmu.
panic	ထိပ်ထိပ်ပြာပြာဖြစ်ခြင်း	htei' htei' pja bja bji' chin:
devastation	ကြီးစွာသောအပျက်အစီး	kji: zwa dho apje' asi:
destruction, ruins	အပျက်အစီး	apje' asi:

English	Burmese	Pronunciation
to destroy (vt)	ဖျက်ဆီးသည်	hpje' hsi: de
to survive (vi, vt)	အသက်ရှင်ကျန်ရစ်သည်	athe' shin kjin ja' te
to disarm (vt)	လက်နက်သိမ်းသည်	le' ne' thain de
to handle (~ a gun)	ကိုင်တွယ်သည်	kain dwe de

Attention!	သတိ	thadi.
At ease!	သက်သာ	the' tha

feat, act of courage	စွန့်စားမှု	sun. za: hmu.
oath (vow)	ကျမ်းသစ္စာ	kjan: thi' sa
to swear (an oath)	ကျမ်းသစ္စာဆိုသည်	kjan: thi' sa hsou de

decoration (medal, etc.)	တန်ဆာဆင်မှု	tan za zin hmu.
to award (give medal to)	ဆုတံဆိပ်ချီးမြှင့်သည်	hsu. dazei' chi: hmjin. de
medal	ဆုတံဆိပ်	hsu. dazei'
order (e.g., ~ of Merit)	ဘွဲ့တံဆိပ်	bwe. dan zi'

victory	အောင်ပွဲ	aun bwe:
defeat	အရှုံး	ashoun:
armistice	စစ်ရပ်ဆိုင်းသဘော တူညီမှု	si' ja' hsain: dhabo: du nji hmu.

standard (battle flag)	စံ	san
glory (honor, fame)	ထင်ပေါ်ကျော်ကြားမှု	htin bo gjo gja: hmu.
parade	စစ်ရေးပြ	si' jei: bja.
to march (on parade)	စစ်ရေးပြသည်	si' jei: bja. de

114. Weapons

weapons	လက်နက်	le' ne'
firearms	ီးပွင့်သေနတ်	mi: bwin. dhei na'
cold weapons (knives, etc.)	ဓါးအမျိုးမျိုး	da: mjou: mjou:

chemical weapons	ဓာတုလက်နက်	da tu. le' ne'
nuclear (adj)	နျူကလီးယား	nju ka. li: ja:
nuclear weapons	နျူကလီးယားလက်နက်	nju ka. li: ja: le' ne'

bomb	ဗုံး	boun:
atomic bomb	အက်တမ်ဗုံး	e' tan boun:

pistol (gun)	ပစ္စတို	pji' sa. tou
rifle	ရိုင်ဖယ်	jain be
submachine gun	မောင်းပြန်သေနတ်	maun: bjan dhei na'
machine gun	စက်သေနတ်	se' thei na'

muzzle	ပြောင်းဝ	pjaun: wa.
barrel	ပြောင်း	pjaun:
caliber	သေနတ်ပြောင်းအရွယ်	thei na' pjan: achin:
trigger	ခလုတ်	khalou'

English	Burmese	Pronunciation
sight (aiming device)	ချိန်ရွက်	chein kwe'
magazine	ကျည်ကပ်	kji ke'
butt (shoulder stock)	သေနတ်ဒင်	thei na' din
hand grenade	လက်ပစ်ဗုံး	le' pi' boun:
explosive	ပေါက်ကွဲစေသောပစ္စည်း	pau' kwe: zei de. bji' si:
bullet	ကျည်ဆံ	kji. zan
cartridge	ကျည်ဆံ	kji. zan
charge	ကျည်ထိုးခြင်း	kji dou: gjin:
ammunition	ခဲယမ်းမီးကျောက်	khe: jan: mi: kjau'
bomber (aircraft)	ဗုံးကြဲလေယာဉ်	boun: gje lei jin
fighter	တိုက်လေယာဉ်	tai' lei jan
helicopter	ရဟတ်ယာဉ်	jaha' jan
anti-aircraft gun	လေယာဉ်ပစ်စက်သေနတ်	lei jan pi' ze' dhei na'
tank	တင့်ကား	tin. ga:
tank gun	တင့်အမြောက်	tin. amjau'
artillery	အမြောက်	amjau'
gun (cannon, howitzer)	ရှေးခေတ်အမြောက်	shei: gi' amjau'
to lay (a gun)	ချိန်ရွယ်သည်	chein jwe de
shell (projectile)	အမြောက်ဆံ	amjau' hsan
mortar bomb	စိန်ပြောင်းကျည်	sein bjaun: gji
mortar	စိန်ပြောင်း	sein bjaun:
splinter (shell fragment)	ဗုံးစ	boun: za
submarine	ရေအောက်နှင့်ဆိုင်သော	jei au' hnin. zain de.
torpedo	တော်ပီဒို	to pi dou
missile	ဒုံး	doun:
to load (gun)	ကျည်ထိုးသည်	kji dou: de
to shoot (vi)	သေနတ်ပစ်သည်	thei na' pi' te
to point at (the cannon)	ချိန်သည်	chein de
bayonet	လှံစွပ်	hlan zu'
rapier	ရာပီယာဓားရှည်	ra pi ja da: shei
saber (e.g., cavalry ~)	စစ်သုံးဓားရှည်	si' thoun: da shi
spear (weapon)	လှံ	hlan
bow	လေး	lei:
arrow	မြား	mja:
musket	ပြောင်းချောသေနတ်	pjaun: gjo: dhei na'
crossbow	ဒူးလေး	du: lei:

115. Ancient people

| primitive (prehistoric) | ရှေးဦးကာလ | shei: u: ga la. |
| prehistoric (adj) | သမိုင်းမတိုင်မီကာလ | thamain: ma. dain mi ga la. |

English	Burmese	Pronunciation
ancient (~ civilization)	ရှေးကျသော	shei: gja. de
Stone Age	ကျောက်ခေတ်	kjau' khi'
Bronze Age	ကြေးခေတ်	kjei: gei'
Ice Age	ရေခဲခေတ်	jei ge: gei'

tribe	မျိုးနွယ်စု	mjou: nwe zu.
cannibal	လူသားစားလူရိုင်း	lu dha: za: lu jain:
hunter	မုဆိုး	mou' hsou:
to hunt (vi, vt)	အမဲလိုက်သည်	ame: lai' de
mammoth	အမွေးရှည်ဆင်ကြီးတစ်မျိုး	ahmwei shei zin kji: ti' mjou:

cave	ဂူ	gu
fire	မီး	mi:
campfire	မီးပုံ	mi: boun
cave painting	နံရံဆေးရေးပန်းချီ	nan jan zei: jei: ban: gji

tool (e.g., stone ax)	ကိရိယာ	ki. ji. ja
spear	လှံ	hlan
stone ax	ကျောက်ပုဆိန်	kjau' pu. hsain
to be at war	စစ်ပွဲတွင်ပါဝင်ဆင်နွှဲသည်	si' pwe: dwin ba win zin hnwe: de
to domesticate (vt)	ယဉ်ပါးစေသည်	jin ba: zei de

idol	ရုပ်တု	jou' tu
to worship (vt)	ကိုးကွယ်သည်	kou: kwe de
superstition	အယူသီးခြင်း	aju dhi: gjin:
rite	ရိုးရာထုံးတမ်းဓလေ့	jou: ja doun: dan: da lei.

evolution	ဆင့်ကဲဖြစ်စဉ်	hsin. ke: hpja' sin
development	ဖွံ့ဖြိုးတိုးတက်မှု	hpjun. bjou: dou: de' hmu.
disappearance (extinction)	ပျောက်ကွယ်ခြင်း	pjau' kwe gjin
to adapt oneself	နေသားကျရန်ပြင်ဆင်သည်	nei dha: gja. jan bjin zin de

archeology	ရှေးဟောင်းသုတေသန	shei: haun
archeologist	ရှေးဟောင်းသုတေသနပညာရှင်	shei: haun thu. dei dha. na. bji nja shin
archeological (adj)	ရှေးဟောင်းသုတေသနဆိုင်ရာ	shei: haun thu. dei dha. na. zain ja

excavation site	တူးဖော်ရာနေရာ	tu: hpo ja nei ja
excavations	တူးဖော်မှုလုပ်ငန်း	tu: hpo hmu. lou' ngan:
find (object)	တွေ့ရှိချက်	twei. shi. gje'
fragment	အပိုင်းအစ	apain: asa.

116. Middle Ages

people (ethnic group)	လူမျိုး	lu mjou:
peoples	လူမျိုး	lu mjou:
tribe	မျိုးနွယ်စု	mjou: nwe zu.

English	Burmese	Pronunciation
tribes	မျိုးနွယ်စုများ	mjou: nwe zu. mja:
barbarians	အရိုင်းအစိုင်းများ	ajou: asain: mja:
Gauls	ဂေါလ်လူမျိုးများ	go l lu mjou: mja:
Goths	ဂေါ့တ်လူမျိုးများ	go. t lu mjou: mja:
Slavs	စလာဗ်လူမျိုးများ	sala' lu mjou: mja:
Vikings	ဗိုက်ကင်းလူမျိုး	bai' kin: lu mjou:
Romans	ရောမလူမျိုး	ro: ma. lu mjou:
Roman (adj)	ရောမနှင့်ဆိုင်သော	ro: ma. hnin. zain de
Byzantines	ဘိုင်ဇင်တိုင်လူမျိုးများ	bain zin dain lu mjou: mja:
Byzantium	ဘိုင်ဇင်တိုင်အင်ပါယာ	bain zin dain in ba ja
Byzantine (adj)	ဘိုင်ဇင်တိုင်နှင့်ဆိုင်သော	bain zin dain hnin. zain de.
emperor	ဧကရာဇ်	ei gaja'
leader, chief (tribal ~)	ခေါင်းဆောင်	gaun: zaun
powerful (~ king)	အင်အားကြီးသော	in a: kji: de.
king	ဘုရင်	ba. jin
ruler (sovereign)	အုပ်ချုပ်သူ	ou' chou' thu
knight	ဆာဘွဲ့ရသူရဲကောင်း	hsa bwe. ja. dhu je gaun:
feudal lord	မြေရှင်ပဒေသရာဇ်	mjei shin badei dhaja'
feudal (adj)	မြေရှင်ပဒေသရာဇ်စနစ်နှင့်ဆိုင်သော	mjei shin badei dhaja' sani' hnin. zain de.
vassal	မြေကျွန်	mjei gjun
duke	မြို့စားကြီး	mjou. za: gji:
earl	ဗြိတိသျှဘုရင် မတ်သူရဲကောင်း	bri ti sha hmu: ma' thu je: gaun:
baron	ဘယ်ရွန် အမတ်	be jwan ama'
bishop	ဘုန်းတော်ကြီး	hpoun do: gji:
armor	ချပ်ဝတ်တန်ဆာ	cha' wu' tan za
shield	ဒိုင်း	dain:
sword	ဓား	da:
visor	စစ်မျက်နှာကာ	si' mje' na ga
chainmail	သံဇကာချပ်ဝတ်တန်ဆာ	than za. ga gja' wu' tan za
Crusade	ခရူဆိတ်ဘာသာရေးစစ်ပွဲ	kha ju: zei' ba dha jei: zi' pwe:
crusader	ခရူးဆိတ်တိုက်ပွဲဝင်သူ	kha ju: zei' dai' bwe: win dhu
territory	နယ်မြေ	ne mjei
to attack (invade)	တိုက်ခိုက်သည်	tai' khai' te
to conquer (vt)	သိမ်းပိုက်စိုးမိုးသည်	thain: bou' sou: mou: de
to occupy (invade)	သိမ်းပိုက်သည်	thain:
siege (to be under ~)	ဝန်းရံလုပ်ကြံခြင်း	wun: jan lou' chan gjin:
besieged (adj)	ဝန်းရံလုပ်ကြံခံရသော	wun: jan lou' chan gan ja. de.
to besiege (vt)	ဝန်းရံလုပ်ကြံသည်	wun: jan lou' chan de

inquisition	ကာသိုလိပ်ဘုရားကျောင်း တရားစီရင်အဖွဲ့	ka tho li' bou ja: gjan: ta. ja: zi jin ahpwe.
inquisitor	စစ်ကြောမေးမြန်းသူ	si' kjo: mei: mjan: dhu
torture	ညှဉ်းပန်းနှိပ်စက်ခြင်း	hnjin: ban: hnei' se' chin:
cruel (adj)	ရက်စက်ကြမ်းကြုတ်သော	je' se' kjan: gjou' te.
heretic	ဒိဌိ	di hti
heresy	မိစ္ဆာဒိဌိ	mei' hsa dei' hti.
seafaring	ပင်လယ်ပျော်	pin le bjo
pirate	ပင်လယ်ဓားပြ	pin le da: bja.
piracy	ပင်လယ်ဓားပြတိုက်ခြင်း	pin le da: bja. tai' chin:
boarding (attack)	လှေကုန်းပုတ်ပေါ် တိုက်ခိုက်ခြင်း	hlei goun: ba' po dou' hpou' chin:
loot, booty	တိုက်ခိုက်ရရှိသောပစ္စည်း	tai' khai' ja. shi. dho: pji' si:
treasures	ရတနာ	jadana
discovery	စူးစမ်းရှာဖွေခြင်း	su: zan: sha bwei gjin
to discover (new land, etc.)	စူးစမ်းရှာဖွေသည်	su: zan: sha bwei de
expedition	စူးစမ်းလေ့လာရေးခရီး	su: zan: lei. la nei: khaji
musketeer	ပြောင်းရှောသေနတ် ကိုင်စစ်သား	pjaun: gjo: dhei na' kain si' tha:
cardinal	ရှေးမြန်ခရစ်ယာန် ဘုန်းတော်ကြီး	jei bjan: khaji' jan boun: do gji:
heraldry	မျိုးရိုးဘွဲ့တံဆိပ် မျာ:လေ့လာခြင်းပညာ&#4140	mjou: jou: bwe. dan zai' mja: lei. la gjin: pi nja
heraldic (adj)	မျိုးရိုးပညာလေ့လာခြင်း နှင့်ဆိုင်သော	mjou: pi nja lei. la gjin: hnin. zain de.

117. Leader. Chief. Authorities

king	ဘုရင်	ba jin
queen	ဘုရင်မ	ba jin ma.
royal (adj)	ဘုရင်နှင့်ဆိုင်သော	ba. jin hnin, zain de
kingdom	ဘုရင်အုပ်ချုပ် သောနိုင်ငံ	ba jin au' chou' dho nin gan
prince	အိမ်ရှေ့ မင်းသား	ein shei. min: dha:
princess	မင်းသမီး	min: dhami:
president	သမ္မတ	thamada.
vice-president	ဒုသမ္မတ	du. dhamada.
senator	ဆီနိတ်လွှတ်တော်အမတ်	hsi nei' hlwa' do: ama'
monarch	သက်ဦးဆံပိုင်	the'
ruler (sovereign)	အုပ်ချုပ်သူ	ou' chou' thu
dictator	အာဏာရှင်	a na shin
tyrant	ဖိနှိပ်ချုပ်ချယ်သူ	hpana' chou' che dhu
magnate	လုပ်ငန်းရှင်သူဌေးကြီး	lou ngan: shin dhu dei: gji:
director	ညွှန်ကြားရေးမှူး	hnjun gja: jei: hmu:

English	Burmese	Pronunciation
chief	အကြီးအကဲ	akji: ake:
manager (director)	မန်နေဂျာ	man nei gji
boss	အကြီးအကဲ	akji: ake:
owner	ပိုင်ရှင်	pain shin
leader	ခေါင်းဆောင်	gaun: zaun
head (~ of delegation)	အဖွဲ့ခေါင်းဆောင်	ahpwe. gaun: zaun:
authorities	အာဏာပိုင်အဖွဲ့	a na bain ahpwe.
superiors	အထက်လူကြီးများ	a hte' lu gji: mja:
governor	ပြည်နယ်အုပ်ချုပ်ရေးမှူး	pji ne ou' chou' jei: hmu:
consul	ကောင်စစ်ဝန်	kaun si' wun
diplomat	သံတမန်	than taman.
mayor	မြို့တော်ဝန်	mjou. do wun
sheriff	နယ်မြေဘာဝန်ခံ ရဲအရာရှိ	ne mjei da wun gan je: aja shi.
emperor	ဧကရာဇ်	ei gaja'
tsar, czar	ဇာဘုရင်	za bou jin
pharaoh	ရှေးအီဂျစ်နိုင်ငံဘုရင်	shei: i gji' nain ngan bu. jin
khan	ခန်	khan

118. Breaking the law. Criminals. Part 1

English	Burmese	Pronunciation
bandit	ဓားပြ	damja.
crime	ရာဇဝတ်မှု	raza. wu' hma.
criminal (person)	ရာဇဝတ်သား	raza. wu' tha:
thief	သူခိုး	thu khou:
to steal (vi, vt)	ခိုးသည်	khou: de
stealing, theft	ခိုးမှု	khou: hmu
stealing (larceny)	ခိုးခြင်း	khou: chin:
theft	သူခိုး	thu khou:
to kidnap (vt)	ပြန်ပေးဆွဲသည်	pjan bei: zwe: de
kidnapping	ပြန်ပေးဆွဲခြင်း	pjan bei: zwe: gjin:
kidnapper	ပြန်ပေးသမား	pjan bei: dhama:
ransom	ပြန်ရွှေးငွေ	pjan jwei: ngwei
to demand ransom	ပြန်ပေးဆွဲသည်	pjan bei: zwe: de
to rob (vt)	ဓားပြတိုက်သည်	damja. tai' te
robbery	လုယက်မှု	lu. je' hmu.
robber	လုယက်သူ	lu. je' dhu
to extort (vt)	ခြိမ်းခြောက်ပြီး ငွေညှစ်သည်	chein: gjau' pji: ngwe hnji' te
extortionist	ခြိမ်းခြောက်ငွေညှစ်သူ	chein: gjau' ngwe hnji' thu
extortion	ခြိမ်းခြောက်ပြီး ငွေညှစ်ခြင်း	chein: gjau' pji: ngwe hnji' chin:

to murder, to kill	သတ်သည်	tha' te
murder	လူသတ်မှု	lu dha' hmu.
murderer	လူသတ်သမား	lu dha' thama:

gunshot	ပစ်ချက်	pi' che'
to fire (~ a shot)	ပစ်သည်	pi' te
to shoot to death	ပစ်သတ်သည်	pi' tha' te
to shoot (vi)	ပစ်သည်	pi' te
shooting	ပစ်ချက်	pi' che'

incident (fight, etc.)	ဆူပူမှု	hsu. bu hmu.
fight, brawl	ရန်ပွဲ	jan bwe:
Help!	ကူညီပါ	ku nji ba
victim	ရန်ပြုခံရသူ	jab bju. gan ja. dhu

to damage (vt)	ဖျက်ဆီးသည်	hpje' hsi: de
damage	အပျက်အစီး	apje' asi:

dead body, corpse	အလောင်း	alaun:
grave (~ crime)	စိုးရိမ်ဖွယ်ဖြစ်သော	sou: jein bwe bji' te.

to attack (vt)	တိုက်ခိုက်သည်	tai' khai' te
to beat (to hit)	ရိုက်သည်	jai' te
to beat up	ရိုက်သည်	jai' te
to take (rob of sth)	ယူသည်	ju de
to stab to death	ထိုးသတ်သည်	htou: dha' te

to maim (vt)	သေရာပါဒဏ်ရာရစေသည်	thei ja ba dan ja ja. zei de
to wound (vt)	ဒဏ်ရာရသည်	dan ja ja. de

blackmail	ခြိမ်းခြောက်ငွေညှစ်ခြင်း	chein: gjau' ngwe hnji' chin:
to blackmail (vt)	ခြိမ်းခြောက်ငွေညှစ်သည်	chein: gjau' ngwe hnji' te
blackmailer	ခြိမ်းခြောက်ငွေညှစ်သူ	chein: gjau' ngwe hnji' thu

protection racket	ရာဇဝတ်ပိုကိုးဆွက်ကြေးကောက်ခြင်း	raza. wu' goun: hse' kjei: gau' chin:
racketeer	ဆက်ကြေးတောင်း-ရာဇဝတ်ပိုကိုး	hse' kjei: daun: ra za. wu' gain:

gangster	လူဆိုးပိုက်ဝင်	lu zou: gain: win
mafia, Mob	မာဖီးယားပိုက်	ma bi: ja: gain:

pickpocket	ခါးပိုက်နှိုက်	kha: bai' hnai'
burglar	ဖောက်ထွင်းသူခိုး	hpau' htwin: dhu gou:

smuggling	မှောင်ခို	hmaun gou
smuggler	မှောင်ခိုသမား	hmaun gou dhama:

forgery	လိမ်လည်အတုပြုမှု	lein le atu. bju hmu.
to forge (counterfeit)	အတုလုပ်သည်	atu. lou' te
fake (forged)	အတု	atu.

119. Breaking the law. Criminals. Part 2

rape	မုဒိမ်းမှု	mu. dein: hmu.
to rape (vt)	မုဒိန်းကျင့်သည်	mu. dein: gjin. de
rapist	မုဒိမ်းကျင့်သူ	mu. dein: gjin. dhu
maniac	အရူး	aju:
prostitute (fem.)	ပြည့်တန်ဆာ	pjei. dan za
prostitution	ပြည့်တန်ဆာမှု	pjei. dan za hmu.
pimp	ဖာခေါင်း	hpa gaun:
drug addict	ဆေးစွဲသူ	hsei: zwe: dhu
drug dealer	မူးယစ်ဆေးရောင်းဝယ်သူ	mu: ji' hsei: jaun we dhu
to blow up (bomb)	ပေါက်ကွဲသည်	pau' kwe: de
explosion	ပေါက်ကွဲမှု	pau' kwe: hmu.
to set fire	မီးရှို့သည်	mi: shou. de
arsonist	မီးရှို့မှုကျူးလွန်သူ	mi: shou. hmu. gju: lun dhu
terrorism	အကြမ်းဖက်ဝါဒ	akjan: be' wa da.
terrorist	အကြမ်းဖက်သမား	akjan: be' tha. ma:
hostage	ဓားစာခံ	daza gan
to swindle (deceive)	လိမ်လည်သည်	lein le de
swindle, deception	လိမ်လည်မှု	lein le hmu.
swindler	လူလိမ်	lu lein
to bribe (vt)	လာဘ်ထိုးသည်	la' htou: de
bribery	လာဘ်ပေးလာဘ်ယူ	la' pei: la' thu
bribe	လာဘ်	la'
poison	အဆိပ်	ahsei'
to poison (vt)	အဆိပ်ခတ်သည်	ahsei' kha' te
to poison oneself	အဆိပ်သောက်သည်	ahsei' dhau' te
suicide (act)	မိမိကိုယ်မိမိသတ်သေခြင်း	mi. mi. kou mi. mi. dha' thei gjin:
suicide (person)	မိမိကိုယ်မိမိသတ်သေသူ	mi. mi. kou mi. mi. dha' thei dhu
to threaten (vt)	ခြိမ်းခြောက်သည်	chein: gjau' te
threat	ခြိမ်းခြောက်မှု	chein: gjau' hmu.
to make an attempt	လုပ်ကြံသည်	lou' kjan de
attempt (attack)	လုပ်ကြံခြင်း	lou' kjan gjin:
to steal (a car)	နိုးသည်	khou: de
to hijack (a plane)	လေယာဉ်အပိုင်စီးသည်	lei jan apain zi: de
revenge	လက်စားချေခြင်း	le' sa: gjei gjin:
to avenge (get revenge)	လက်စားချေသည်	le' sa: gjei de

T&P Books. Burmese vocabulary for English speakers - 5000 words

to torture (vt)	ညှဉ်းပန်းနှိပ်စက်သည်	hnjin: ban: hnei' se' te
torture	ညှဉ်းပန်းနှိပ်စက်ခြင်း	hnjin: ban: hnei' se' chin:
to torment (vt)	နှိပ်စက်သည်	hnei' se' te

pirate	ပင်လယ်ဓားပြ	pin le da: bja.
hooligan	လမ်းသရဲ	lan: dhaje:
armed (adj)	လက်နက်ကိုင်ဆောင်သော	le' ne' kain zaun de.
violence	ရက်စက်ကြမ်းကြုတ်မှု	je' se' kjan: gjou' hmu.
illegal (unlawful)	တရားမဝင်သော	taja: ma. win de.

spying (espionage)	သူလျှိုလုပ်ခြင်း	thu shou lou' chin:
to spy (vi)	သူလျှိုလုပ်သည်	thu shou lou' te

120. Police. Law. Part 1

justice	တရားမျှတမှု	taja: hmja. ta. hmu.
court (see you in ~)	တရားရုံး	taja: joun:

judge	တရားသူကြီး	taja: dhu gji:
jurors	ဂျူရီအဖွဲ့ဝင်များ	gju ji ahpwe. win mja:
jury trial	ဂျူရီလူကြီးအဖွဲ့	gju ji lu gji: ahpwe.
to judge, to try (vt)	တရားစီရင်သည်	taja: zi jin de

lawyer, attorney	ရှေ့နေ	shei. nei
defendant	တရားပြိုင်	taja: bjain
dock	တရားရုံးဝက်ရီ	taja: joun: we' khjan

charge	စွပ်စွဲခြင်း	su' swe: chin:
accused	တရားစွဲခံရသော	taja: zwe: gan ja. de.

sentence	စီရင်ချက်	si jin gje'
to sentence (vt)	စီရင်ချက်ချသည်	si jin gje' cha. de

guilty (culprit)	တရားခံ	tajakhan
to punish (vt)	ပြစ်ဒက်ပေးသည်	pji' dan bei: de
punishment	ပြစ်ဒက်	pji' dan

fine (penalty)	ဒက်ငွေ	dan ngwei
life imprisonment	တစ်သက်တစ်ကျွန်းပြစ်ဒက်	ti' te' ti' kjun: bji' dan
death penalty	သေဒက်	thei dan
electric chair	လျှပ်စစ်ထိုင်ခုံ	hlja' si' dain boun
gallows	ကြိုးစင်	kjou: zin

to execute (vt)	ကွပ်မျက်သည်	ku' mje' te
execution	ကွပ်မျက်ခြင်း	ku' mje' gjin

prison, jail	ထောင်	htaun
cell	အကျဉ်းခန်း	achou' khan:
escort (convoy)	အစောင့်အကြပ်	asaun. akja'
prison guard	ထောင်စောင့်	htaun zaun.

prisoner	ထောင်သား	htaun dha:
handcuffs	လက်ထိပ်	le' htei'
to handcuff (vt)	လက်ထိပ်ခတ်သည်	le' htei' kha' te

prison break	ထောင်ဖောက်ပြေးခြင်း	htaun bau' pjei: gjin:
to break out (vi)	ထောင်ဖောက်ပြေးသည်	htaun bau' pjei: de
to disappear (vi)	ပျောက်ကွယ်သည်	pjau' kwe de
to release (from prison)	ထောင်မှလွတ်သည်	htaun hma. lu' te
amnesty	လွတ်ငြိမ်းချမ်းသာခွင့်	lu' njein: gjan: dha gwin.

police	ရဲ	je:
police officer	ရဲအရာရှိ	je: aja shi.
police station	ရဲစခန်း	je: za. gan:
billy club	သံတုတ်	than dou'
bullhorn	လက်ကိုင်စပီကာ	le' kain za. bi ka

patrol car	ကင်းလှည့်ကား	kin: hle. ka:
siren	အချက်ပေးဩသံ	ache' pei ou' o: dhan
to turn on the siren	အချက်ပေးဩဆွဲသည်	ache' pei ou' o: zwe de
siren call	အချက်ပေးဩဆွဲသံ	ache' pei ou' o: zwe dhan

crime scene	အခင်းဖြစ်ပွါးရာနေရာ	achin: hpji' pwa: ja nei ja
witness	သက်သေ	the' thei
freedom	လွတ်လပ်မှု	lu' la' hmu.
accomplice	ကြံရာပါ	kjan ja ba
to flee (vi)	ပုန်းသည်	poun: de
trace (to leave a ~)	ခြေရာ	chei ja

121. Police. Law. Part 2

search (investigation)	ဝရမ်းရှာဖွေခြင်း	wajan: sha bwei gjin:
to look for …	ရှာသည်	sha de
suspicion	မသင်္ကာမှု	ma. dhin ga hmu.
suspicious (e.g., ~ vehicle)	သံသယဖြစ်ဖွယ်ကောင်းသော	than thaja. bji' hpwe gaun: de.

to stop (cause to halt)	ရပ်သည်	ja' te
to detain (keep in custody)	ထိန်းသိမ်းထားသည်	htein: dhein: da: de

case (lawsuit)	အမှု	ahmu.
investigation	စုံစမ်းစစ်ဆေးခြင်း	soun zan: zi' hsei: gjin:
detective	စုံထောက်	soun dau'
investigator	အလွတ်စုံထောက်	alu' zoun htau'
hypothesis	အဆိုကြမ်း	ahsou gjan:

motive	စေ့ဆော်မှု	sei. zo hmu.
interrogation	စစ်ကြောမှု	si' kjo: hmu.
to interrogate (vt)	စစ်ကြောသည်	si' kjo: de
to question (~ neighbors, etc.)	မေးမြန်းသည်	mei: mjan: de
check (identity ~)	စစ်ဆေးသည်	si' hsei: de

English	Burmese	Pronunciation
round-up (raid)	ဝိုင်းဝန်းမှု	wain: wan: hmu.
search (~ warrant)	ရှာဖွေခြင်း	sha hpwei gjin:
chase (pursuit)	လိုက်လံဖမ်းဆီးခြင်း	lai' lan ban: zi: gjin:
to pursue, to chase	လိုက်သည်	lai' de
to track (a criminal)	ခြေရာခံသည်	chei ja gan de
arrest	ဖမ်းဆီးခြင်း	hpan: zi: gjin:
to arrest (sb)	ဖမ်းဆီးသည်	hpan: zi: de
to catch (thief, etc.)	ဖမ်းမိသည်	hpan: mi. de
capture	သိမ်းခြင်း	thain: gjin:
document	စာရွက်စာတမ်း	sajwe' zatan:
proof (evidence)	သက်သေပြချက်	the' thei pja. gje'
to prove (vt)	သက်သေပြသည်	the' thei pja. de
footprint	ခြေရာ	chei ja
fingerprints	လက်ဗွေရာများ	lei' bwei ja mja:
piece of evidence	သဲလွန်စ	the: lun za.
alibi	ဆင်ခြေ	hsin gjei
innocent (not guilty)	အပြစ်ကင်းသော	apja' kin: de.
injustice	မတရားမှု	ma. daja: hmu.
unjust, unfair (adj)	မတရားသော	ma. daja: de.
criminal (adj)	ပြုမူကျူးလွန်သော	pju. hmu. gju: lun de.
to confiscate (vt)	သိမ်းယူသည်	thein: ju de
drug (illegal substance)	မူးယစ်ဆေးဝါး	mu: ji' hsei: wa:
weapon, gun	လက်နက်	le' ne'
to disarm (vt)	လက်နက်သိမ်းသည်	le' ne' thain de
to order (command)	အမိန့်ပေးသည်	amin. bei: de
to disappear (vi)	ပျောက်ကွယ်သည်	pjau' kwe de
law	ဥပဒေ	u. ba. dei
legal, lawful (adj)	ဥပဒေနှင့် ညီညွတ်သော	u. ba. dei hnin. nji nju' te.
illegal, illicit (adj)	ဥပဒေနှင့်မ ညီညွတ်သော	u. ba. dei hnin. ma. nji nju' te.
responsibility (blame)	တာဝန်ယူခြင်း	ta wun ju gjin:
responsible (adj)	တာဝန်ရှိသော	ta wun shi. de.

NATURE

The Earth. Part 1

122. Outer space

space	အာကာသ	akatha.
space (as adj)	အာကာသနှင့်ဆိုင်သော	akatha. hnin zain dho:
outer space	အာကာသဟင်းလင်းပြင်	akatha. hin: lin: bjin
world	ကမ္ဘာ	ga ba
universe	စကြဝဠာ	sa kja wa. la
galaxy	ကြယ်စုတန်း	kje zu. dan:
star	ကြယ်	kje
constellation	ကြယ်နက္ခတ်စု	kje ne' kha' zu.
planet	ဂြိုဟ်	gjou
satellite	ဂြိုဟ်ငယ်	gjou nge
meteorite	ဥက္ကာခဲ	ou' ka ge:
comet	ကြယ်တံခွန်	kje dagun
asteroid	ဂြိုဟ်သိမ်ဂြိုဟ်မွှား	gjou dhein gjou hmwa:
orbit	ပတ်လမ်း	pa' lan:
to revolve	လည်သည်	le de
(~ around the Earth)		
atmosphere	လေထု	lei du.
the Sun	နေ	nei
solar system	နေစကြဝဠာ	nei ze kja. wala
solar eclipse	နေကြတ်ခြင်း	nei gja' chin:
the Earth	ကမ္ဘာလုံး	ga ba loun:
the Moon	လ	la.
Mars	အင်္ဂါဂြိုဟ်	in ga gjou
Venus	သောကြာဂြိုဟ်	thau' kja gjou'
Jupiter	ကြာသပတေးဂြိုဟ်	kja dha ba. dei: gjou'
Saturn	စနေဂြိုဟ်	sanei gjou'
Mercury	ဗုဒ္ဓဟူးဂြိုဟ်	bou' da. gjou'
Uranus	ယူရေးနတ်ဂြိုဟ်	ju rei: na' gjou
Neptune	နက်ပကျွန်းဂြိုဟ်	ne' pa. gjun: gjou
Pluto	ပလုတိုဂြိုဟ်	pa lu tou gjou '
Milky Way	နဂါးငွေ့ကြယ်စုတန်း	na. ga: ngwe. gje zu dan:

| Great Bear (Ursa Major) | မြောက်ပိုင်းဂရိတ်ဘဲရ်ကြယ်စု | mjau' pain: gajei' be:j gje zu. |
| North Star | ရုပ်ကြယ် | du wan gje |

Martian	အင်္ဂါဂြိုဟ်သား	in ga gjou dha:
extraterrestrial (n)	အခြားကမ္ဘာဂြိုဟ်သား	apja: ga ba gjou dha
alien	ဂြိုဟ်သား	gjou dha:
flying saucer	ပန်းကန်ပြားပျံ	bagan: bja: bjan

spaceship	အာကာသယာဉ်	akatha. jin
space station	အာကာသစခန်း	akatha. za khan:
blast-off	လွှတ်တင်ခြင်း	hlu' tin gjin:

engine	အင်ဂျင်	in gjin
nozzle	နော်ဇဲလ်	no ze
fuel	လောင်စာ	laun za

cockpit, flight deck	လေယာဉ်မောင်းအခန်း	lei jan maun akhan:
antenna	အင်တန်နာတိုင်	in tan na tain
porthole	ပြတင်း	badin:
solar panel	နေရောင်ခြည်သုံးဘတ်ထရီ	nei jaun gje dhoun: ba' hta ji

| spacesuit | အာကာသဝတ်စုံ | akatha. wu' soun |

| weightlessness | အလေးချိန်ကင်းမဲ့ခြင်း | alei: gjein gin: me. gjin: |
| oxygen | အောက်ဆီဂျင် | au' hsi gjin |

| docking (in space) | အာကာသထဲချိတ်ဆက်ခြင်း | akatha. hte: chei' hse' chin: |
| to dock (vi, vt) | အာကာသထဲချိတ်ဆက်သည် | akatha. hte: chei' hse' te |

observatory	နက္ခတ်မျှော်စင်	ne' kha' ta. mjo zin
telescope	အဝေးကြည့်မှန်ပြောင်း	awei: gji. hman bjaun:
to observe (vt)	လေ့လာကြည့်ရှုသည်	lei. la kji. hju. de
to explore (vt)	သုတေသနပြုသည်	thu. tei thana bjou de

123. The Earth

the Earth	ကမ္ဘာမြေကြီး	ga ba mjei kji:
the globe (the Earth)	ကမ္ဘာလုံး	ga ba loun:
planet	ဂြိုဟ်	gjou

atmosphere	လေထု	lei du.
geography	ပထဝီဝင်	pahtawi win
nature	သဘာဝ	tha. bawa

globe (table ~)	ကမ္ဘာလုံး	ga ba loun:
map	မြေပုံ	mjei boun
atlas	မြေပုံစာအုပ်	mjei boun za ou'
Europe	ဥရောပ	u. jo: pa

Asia	အာရှ	a sha.
Africa	အာဖရိက	apha. ri. ka.
Australia	ဩစတြေးလျ	thja za djei: lja
America	အမေရိက	amei ji ka
North America	မြောက်အမေရိက	mjau' amei ri. ka.
South America	တောင်အမေရိက	taun amei ri. ka.
Antarctica	အန္တာတိတ်	anta di'
the Arctic	အာတိတ်	a tei'

124. Cardinal directions

north	မြောက်အရပ်	mjau' aja'
to the north	မြောက်ဘက်သို့	mjau' be' thou.
in the north	မြောက်ဘက်မှာ	mjau' be' hma
northern (adj)	မြောက်အရပ်နှင့်ဆိုင်သော	mjau' aja' hnin. zain de.
south	တောင်အရပ်	taun aja'
to the south	တောင်ဘက်သို့	taun be' thou.
in the south	တောင်ဘက်မှာ	taun be' hma
southern (adj)	တောင်အရပ်နှင့်ဆိုင်သော	taun aja' hnin. zain de.
west	အနောက်အရပ်	anau' aja'
to the west	အနောက်ဘက်သို့	anau' be' thou.
in the west	အနောက်ဘက်မှာ	anau' be' hma
western (adj)	အနောက်အရပ်နှင့်ဆိုင်သော	anau' aja' hnin. zain dho:
east	အရှေ့အရပ်	ashei. aja'
to the east	အရှေ့ဘက်သို့	ashei. be' hma
in the east	အရှေ့ဘက်မှာ	ashei. be' hma
eastern (adj)	အရှေ့အရပ်နှင့်ဆိုင်သော	ashei. aja' hnin. zain de.

125. Sea. Ocean

sea	ပင်လယ်	pin le
ocean	သမုဒ္ဒရာ	thamou' daja
gulf (bay)	ပင်လယ်ကွေ့	pin le gwe.
straits	ရေလက်ကြား	jei le' kja:
land (solid ground)	ကုန်းမြေ	koun: mei
continent (mainland)	တိုက်	tai'
island	ကျွန်း	kjun:
peninsula	ကျွန်းဆွယ်	kjun: zwe
archipelago	ကျွန်းစု	kjun: zu.
bay, cove	အော်	o
harbor	သင်္ဘောဆိပ်ကမ်း	thin: bo: zei' kan:

lagoon	ပင်လယ်ထုံးအိုင်	pin le doun: ain
cape	အငူ	angu
atoll	သန္တာကျောက်တန်းကျွန်းငယ်	than da gjau' tan: gjun: nge
reef	ကျောက်တန်း	kjau' tan:
coral	သန္တာကောင်	than da gaun
coral reef	သန္တာကျောက်တန်း	than da gjau' tan:
deep (adj)	နက်သော	ne' te.
depth (deep water)	အနက်	ane'
abyss	ချောက်နက်ကြီး	chau ne' kji:
trench (e.g., Mariana ~)	မြောင်း	mjaun:
current (Ocean ~)	စီးကြောင်း	si: gaun:
to surround (bathe)	ဝိုင်းသည်	wain: de
shore	ကမ်းစပ်	kan: za'
coast	ကမ်းခြေ	kan: gjei
flow (flood tide)	ရေတက်	jei de'
ebb (ebb tide)	ရေကျ	jei gja.
shoal	သောင်စွယ်	thaun zwe
bottom (~ of the sea)	ကြမ်းပြင်	kan: pjin
wave	လှိုင်း	hlain:
crest (~ of a wave)	လှိုင်းခေါင်းဖြူ	hlain: gaun: bju.
spume (sea foam)	အမြှုပ်	a hmjou'
storm (sea storm)	မုန်တိုင်း	moun dain:
hurricane	ဟာရီကိန်းမုန်တိုင်း	ha ji gain: moun dain:
tsunami	ဆူနာမီ	hsu na mi
calm (dead ~)	ရေသော	jei dhei
quiet, calm (adj)	ငြိမ်သက်အေးဆေးသော	njein dhe' ei: zei: de.
pole	ဝင်ရိုးစွန်း	win jou: zun
polar (adj)	ဝင်ရိုးစွန်းနှင့်ဆိုင်သော	win jou: zun hnin. zain de.
latitude	လတ္တီတွဒ်	la' ti. tu'
longitude	လောင်ဂျီတွဒ်	laun gji twa'
parallel	လတ္တီတွဒ်မျဉ်း	la' ti. tu' mjin:
equator	အီကွေတာ	i kwei: da
sky	ကောင်းကင်	kaun: gin
horizon	မိုးကုပ်စက်ဝိုင်း	mou kou' se' wain:
air	လေထု	lei du.
lighthouse	မီးပြတိုက်	mi: bja dai'
to dive (vi)	ရေငုပ်သည်	jei ngou' te
to sink (ab. boat)	ရေမြုပ်သည်	jei mjou' te
treasures	ရတနာ	jadana

126. Seas' and Oceans' names

Atlantic Ocean	အတ္တလန္တိတ် သမုဒ္ဒရာ	a' ta. lan ti' thamou' daja
Indian Ocean	အိန္ဒိယ သမုဒ္ဒရာ	indi. ja thamou. daja
Pacific Ocean	ပစိဖိတ် သမုဒ္ဒရာ	pa. si. hpi' thamou' daja
Arctic Ocean	အာတိတ် သမုဒ္ဒရာ	a tei' thamou' daja
Black Sea	ပင်လယ်နက်	pin le ne'
Red Sea	ပင်လယ်နီ	pin le ni
Yellow Sea	ပင်လယ်ဝါ	pin le wa
White Sea	ပင်လယ်ဖြူ	pin le bju
Caspian Sea	ကက်စပီယန် ပင်လယ်	ke' za. pi jan pin le
Dead Sea	ပင်လယ်သေ	pin le dhe:
Mediterranean Sea	မြေထဲပင်လယ်	mjei hte: bin le
Aegean Sea	အေဂျီယန်းပင်လယ်	ei gi jan: bin le
Adriatic Sea	အဒရီရာတစ်ပင်လယ်	a da yi ya ti' pin le
Arabian Sea	အာရေဗီးယန်း ပင်လယ်	a ra bi: an: bin le
Sea of Japan	ဂျပန် ပင်လယ်	gja pan pin le
Bering Sea	ဘယ်ရင်း ပင်လယ်	be jin: bin le
South China Sea	တောင်တရုတ်ပင်လယ်	taun dajou' pinle
Coral Sea	ကော်ရယ်လ်ပင်လယ်	ko je l pin le
Tasman Sea	တက်စမန်းပင်လယ်	te' sa. man: bin le
Caribbean Sea	ကာရေဘီးယန်းပင်လယ်	ka rei: bi: jan: bin le
Barents Sea	ဘာရန့်စ် ပင်လယ်	ba jan's bin le
Kara Sea	ကာရာ ပင်လယ်	kara bin le
North Sea	မြောက်ပင်လယ်	mjau' pin le
Baltic Sea	ဘောလ်တစ်ပင်လယ်	bo' l ti' pin le
Norwegian Sea	နော်ဝေးဂျီယန်း ပင်လယ်	no wei: bin le

127. Mountains

mountain	တောင်	taun
mountain range	တောင်တန်း	taun dan:
mountain ridge	တောင်ကြော	taun gjo:
summit, top	ထိပ်	htei'
peak	တောင်ထွတ်	taun htu'
foot (~ of the mountain)	တောင်ခြေ	taun gjei
slope (mountainside)	တောင်စောင်း	taun zaun:
volcano	မီးတောင်	mi: daun
active volcano	မီးတောင်ရှင်	mi: daun shin
dormant volcano	မီးငြိမ်းတောင်	mi: njein: daun

eruption	မီးတောင်ပေါက်ကွဲခြင်း	mi: daun pau' kwe: gjin:
crater	မီးတောင်ဝ	mi: daun wa.
magma	ကျောက်ရည်ပူ	kjau' ji bu
lava	ချော်ရည်	cho ji
molten (~ lava)	အရည်ပူသော	ajam: bu de.
canyon	တောင်ကြားချိုင့်ဝှမ်းနက်	taun gja: gjain. hwan ne'
gorge	တောင်ကြား	taun gja:
crevice	အက်ကွဲကြောင်း	e' kwe: gjaun:
abyss (chasm)	ချောက်ကမ်းပါး	chau' kan: ba:
pass, col	တောင်ကြားလမ်း	taun gja: lan:
plateau	ကုန်းပြင်မြင့်	koun: bjin mjin:
cliff	ကျောက်ဆောင်	kjau' hsain
hill	တောင်ကုန်း	taun goun
glacier	ရေခဲမြစ်	jei ge: mji'
waterfall	ရေတံခွန်	jei dan khun
geyser	ရေပူစမ်း	jei bu zan:
lake	ရေကန်	jei gan
plain	မြေပြန့်	mjei bjan:
landscape	ရှုခင်း	shu. gin:
echo	ပဲ့တင်သံ	pe. din than
alpinist	တောင်တက်သမား	taun de' thama:
rock climber	ကျောက်တောင်တက်သမား	kjau' taun de dha ma:
to conquer (in climbing)	အောင်နိုင်သူ	aun nain dhu
climb (an easy ~)	တောင်တက်ခြင်း	taun de' chin:

128. Mountains names

The Alps	အဲလ့်တောင်	e.lp daun
Mont Blanc	မောင့်ဘလန့်စ်တောင်	maun. ba. lan. s taun
The Pyrenees	ပိရန်းနီးစ်တောင်	pi jan: ni:s taun
The Carpathians	ကာပသီယန်စ်တောင်	ka pa. dhi jan s taun
The Ural Mountains	ယူရယ်တောင်တန်း	ju re daun dan:
The Caucasus Mountains	ကော့ကေးဆပ်တောင်တန်း	ko: kei zi' taun dan:
Mount Elbrus	အယ်ဘရပ်စ်တောင်	e ba. ja's daun
The Altai Mountains	အယ်လတိုင်တောင်	e la. tain daun
The Tian Shan	တိုင်ယန်ရှန်းတောင်	tain jan shin: daun
The Pamir Mountains	ပါမီယာတောင်တန်း	pa mi ja daun dan:
The Himalayas	ဟိမဝန္တာတောင်တန်း	hi. ma. wan da daun dan:
Mount Everest	ဧဝရတ်တောင်	ei wa. ja' taun
The Andes	အန်းဒီတောင်တန်း	an: di daun dan:
Mount Kilimanjaro	ကီလီမန်ဂျာဂိုတောင်	ki li man gja gou daun

129. Rivers

river	မြစ်	mji'
spring (natural source)	စမ်း	san:
riverbed (river channel)	ရေကြောင်းကြောင်း	jei gjo: zi: gjaun:
basin (river valley)	မြစ်ချိုင့်ဝှမ်း	mji' chain. hwan:
to flow into ...	စီးဝင်သည်	si: win de

| tributary | မြစ်လက်တက် | mji' le' te' |
| bank (of river) | ကမ်း | kan: |

current (stream)	စီးကြောင်း	si: gaun:
downstream (adv)	ရေစုန်	jei zoun
upstream (adv)	ရေဆန်	jei zan

inundation	ရေကြီးမှု	jei gji: hmu.
flooding	ရေလျှံခြင်း	jei shan gjin:
to overflow (vi)	လျှံသည်	shan de
to flood (vt)	ရေလွှမ်းသည်	jei hlwan: de

| shallow (shoal) | ရေတိမ်ပိုင်း | jei dein bain: |
| rapids | ရေအောက်ကျောက်ဆောင် | jei au' kjau' hsaun |

dam	ဆည်	hse
canal	တူးမြောင်း	tu: mjaun:
reservoir (artificial lake)	ရေလှောင်ကန်	jei hlaun gan
sluice, lock	ရေလွှဲပေါက်	jei hlwe: bau'

water body (pond, etc.)	ရေထု	jei du.
swamp (marshland)	ရွှံ့ညွှန်	shwan njun
bog, marsh	စိမ့်မြေ	sein. mjei
whirlpool	ရေဝဲ	jei we:

stream (brook)	ချောင်းကလေး	chaun: galei:
drinking (ab. water)	သောက်ရေ	thau' jei
fresh (~ water)	ရေချို	jei gjou

ice	ရေခဲ	jei ge:
to freeze over	ရေခဲသည်	jei ge: de
(ab. river, etc.)		

130. Rivers' names

| Seine | စိန်မြစ် | sein mji' |
| Loire | လော်ရီမြစ် | lo ji mji' |

Thames	သိမ်းမြစ်	thain: mji'
Rhine	ရိုင်းမြစ်	rain: mji'
Danube	ဒိန်နယုမြစ်	din na. ju mji'

English	Burmese	Pronunciation
Volga	ဗော်လဂါမြစ်	bo la. ga mja'
Don	ဒွန်မြစ်	dun mja'
Lena	လီနာမြစ်	li na mji'
Yellow River	မြစ်ဝါ	mji' wa
Yangtze	ရန်ဇီးမြစ်	jan zi: mji'
Mekong	မဲခေါင်မြစ်	me: gaun mji'
Ganges	ဂင်္ဂါမြစ်	gan ga. mji'
Nile River	နိုင်းမြစ်	nain: mji'
Congo River	ကွန်ဂိုမြစ်	kun gou mji'
Okavango River	အိုကာဝန်ဂိုမြစ်	ai' hou ban
Zambezi River	ဇမ်ဘီဇီးမြစ်	zan bi zi: mji'
Limpopo River	လင်ပိုပိုမြစ်	lin po pou mji'
Mississippi River	မစ်စစ္စပီမြစ်	mi' si. si. pi. mji'

131. Forest

English	Burmese	Pronunciation
forest, wood	သစ်တော	thi' to:
forest (as adj)	သစ်တောနှင့်ဆိုင်သော	thi' to: hnin. zain de.
thick forest	ထူထပ်သောတော	htu da' te. do:
grove	သစ်ပင်အုပ်	thi' pin ou'
forest clearing	တောတွင်းလဟာပြင်	to: dwin: la. ha bjin
thicket	ချုံပိတ်ပေါင်း	choun bei' paun:
scrubland	ချုံထနောင်းတော	choun hta naun: de.
footpath (troddenpath)	လူသွားလမ်းကလေး	lu dhwa: lan: ga. lei:
gully	လျှို	shou
tree	သစ်ပင်	thi' pin
leaf	သစ်ရွက်	thi' jwe'
leaves (foliage)	သစ်ရွက်များ	thi' jwe' mja:
fall of leaves	သစ်ရွက်ကြွေခြင်း	thi' jwe' kjwei gjin:
to fall (ab. leaves)	သစ်ရွက်ကြွေသည်	thi' jwe' kjwei de
top (of the tree)	အဖျား	ahpja:
branch	အကိုင်းခွဲ	akain: khwe:
bough	ပင်မကိုင်း	pin ma. gain:
bud (on shrub, tree)	အဖူး	ahpu:
needle (of pine tree)	အပ်နှင့်တူသောအရွက်	a' hnin. bu de. ajwe'
pine cone	ထင်းရှူးသီး	htin: shu: dhi:
tree hollow	အခေါင်းပေါက်	akhaun: bau'
nest	ငှက်သိုက်	hnge' thai'
burrow (animal hole)	မြေတွင်း	mjei dwin:
trunk	ပင်စည်	pin ze
root	အမြစ်	amji'

bark	သစ်ခေါက်	thi' khau'
moss	ရေညှို	jei hnji.
to uproot (remove trees or tree stumps)	အမြစ်မှဆွဲနုတ်သည်	amji' hma zwe: hna' te
to chop down	ခုတ်သည်	khou' te
to deforest (vt)	တောပြုန်းစေသည်	to: bjoun: zei de
tree stump	သစ်ငုတ်တို	thi' ngou' tou
campfire	မီးပုံ	mi: boun
forest fire	မီးလောင်ခြင်း	mi: laun gjin:
to extinguish (vt)	မီးသတ်သည်	mi: tha' de
forest ranger	တောခေါင်း	to: gaun:
protection	သစ်တောဝန်ထမ်း	thi' to: wun dan:
to protect (~ nature)	ထိန်းသိမ်းစောင့်ရှောက်သည်	htein: dhein: zaun. shau' te
poacher	မိုးယုသူ	khou' ju dhu
steel trap	သံမဏိထောင်ချောက်	than mani. daun gjau'
to gather, to pick (vt)	ခူးသည်	khu: de
to pick (mushrooms)	ဆွတ်သည်	hsu' te
to pick (berries)	ခူးသည်	khu: de
to lose one's way	လမ်းပျောက်သည်	lan: bjau' de

132. Natural resources

natural resources	သယံဇာတ	thajan za da.
minerals	တွင်းထွက်ပစ္စည်း	twin: htwe' pji' si:
deposits	နုန်း	noun:
field (e.g., oilfield)	ဓာတ်သတ္တုထွက်ရာမြေ	da' tha' tu dwe' ja mjei
to mine (extract)	တူးဖော်သည်	tu: hpo de
mining (extraction)	တူးဖော်ခြင်း	tu: hpo gjin:
ore	သတ္တုရိုင်း	tha' tu. jain:
mine (e.g., for coal)	သတ္တုတွင်း	tha' tu. dwin:
shaft (mine ~)	မိုင်းတွင်း	main: dwin:
miner	သတ္တုတွင်း အလုပ်သမား	tha' tu. dwin: alou' thama:
gas (natural ~)	ဓာတ်ငွေ့	da' ngwei.
gas pipeline	ဓါတ်ငွေ့ပိုက်လိုင်း	da' ngwei. bou' lain:
oil (petroleum)	ရေနံ	jei nan
oil pipeline	ရေနံပိုက်လိုင်း	jei nan bou' lain:
oil well	ရေနံတွင်း	jei nan dwin:
derrick (tower)	ရေနံစင်	jei nan zin
tanker	လောင်စာတင်သင်္ဘော	laun za din dhin bo:
sand	သဲ	the:
limestone	ထုံးကျောက်	htoun: gjau'
gravel	ကျောက်စရစ်	kjau' sa. ji'

peat	မြေသွေးခဲ	mjei zwei: ge:
clay	မြေစေး	mjei zei:
coal	ကျောက်မီးသွေး	kjau' mi dhwei:
iron (ore)	သံ	than
gold	ရွှေ	shwei
silver	ငွေ	ngwei
nickel	နီကယ်	ni ke
copper	ကြေးနီ	kjei: ni
zinc	သွပ်	thu'
manganese	မဂ္ဂနီစ်	ma' ga. ni:s
mercury	ပြဒါး	bada:
lead	ခဲ	khe:
mineral	သတ္တုဓာတ်	tha' tu. za:
crystal	သလင်းကျောက်	thalin: gjau'
marble	စကျင်ကျောက်	zagjin kjau'
uranium	ယူရေနီယမ်	ju rei ni jan

The Earth. Part 2

133. Weather

weather	ရာသီဥတု	ja dhi nja. tu.
weather forecast	မိုးလေဝသခန့်မှန်းချက်	mou: lei wa. dha. gan. hman: gje'
temperature	အပူချိန်	apu gjein
thermometer	သာမိုမီတာ	tha mou mi ta
barometer	လေဖိအားတိုင်းကိရိယာ	lei bi. a: dain: gi. ji. ja
humid (adj)	စိုထိုင်းသော	sou htain: de
humidity	စိုထိုင်းမှု	sou htain: hmu.
heat (extreme ~)	အပူရှိန်	apu shein
hot (torrid)	ပူလောင်သော	pu laun de.
it's hot	ပူလောင်ခြင်း	pu laun gjin:
it's warm	နွေးခြင်း	nwei: chin:
warm (moderately hot)	နွေးသော	nwei: de.
it's cold	အေးခြင်း	ei: gjin:
cold (adj)	အေးသော	ei: de.
sun	နေ	nei
to shine (vi)	သာသည်	tha de
sunny (day)	နေသာသော	nei dha de.
to come up (vi)	နေထွက်သည်	nei dwe' te
to set (vi)	နေဝင်သည်	nei win de
cloud	တိမ်	tein
cloudy (adj)	တိမ်ထူသော	tein du de
rain cloud	မိုးတိမ်	mou: dain
somber (gloomy)	ညို့မှိုင်းသော	njou. hmain: de.
rain	မိုး	mou:
it's raining	မိုးရွာသည်	mou: jwa de.
rainy (~ day, weather)	မိုးရွာသော	mou: jwa de.
to drizzle (vi)	မိုးဖွဲဖွဲရွာသည်	mou: bwe: bwe: jwa de
pouring rain	သည်းထန်စွာရွာသောမိုး	thi: dan zwa jwa dho: mou:
downpour	မိုးပုလဲန်	mou: bu. zain
heavy (e.g., ~ rain)	မိုးသည်းသော	mou: de: de.
puddle	ရေအိုင်	jei ain
to get wet (in rain)	မိုးမိသည်	mou: mi de
fog (mist)	မြူ	mju

foggy	မြူထူထပ်သော	mju htu hta' te.
snow	နှင်း	hnin:
it's snowing	နှင်းကျသည်	hnin: gja. de

134. Severe weather. Natural disasters

thunderstorm	မိုးသက်မုန်တိုင်း	mou: dhe' moun dain:
lightning (~ strike)	လျှပ်စီး	hlja: si:
to flash (vi)	လျှပ်ပြက်သည်	hlja' pje' te
thunder	မိုးကြိုး	mou: kjou:
to thunder (vi)	မိုးကြိုးပစ်သည်	mou: gjou: pi' te
it's thundering	မိုးကြိုးပစ်သည်	mou: gjou: pi' te
hail	မိုးသီး	mou: dhi:
it's hailing	မိုးသီးကြွေသည်	mou: dhi: gjwei de
to flood (vt)	ရေကြီးသည်	jei gji: de
flood, inundation	ရေကြီးမှု	jei gji: hmu.
earthquake	ငလျင်	nga ljin
tremor, shoke	တုန်ခါခြင်း	toun ga gjin:
epicenter	ငလျင်ဗဟိုချက်	nga ljin ba hou che'
eruption	မီးတောင်ပေါက်ကွဲခြင်း	mi: daun pau' kwe: gjin:
lava	ချော်ရည်	cho ji
twister	လေဆင်နှာမောင်း	lei zin hna maun:
tornado	လေဆင်နှာမောင်း	lei zin hna maun:
typhoon	တိုင်ဖွန်းမုန်တိုင်း	tain hpun moun dain:
hurricane	ဟာရီကိန်းမုန်တိုင်း	ha ji gain: moun dain:
storm	မုန်တိုင်း	moun dain:
tsunami	ဆူနာမီ	hsu na mi
cyclone	ဆိုင်ကလုန်းမုန်တိုင်း	hsain ga. loun: moun dain:
bad weather	ဆိုးရွားသော ရာသီဥတု	hsou: jwa de. ja dhi u. tu.
fire (accident)	မီးလောင်ခြင်း	mi: laun gjin:
disaster	ဘေးအန္တရာယ်	bei: an daje
meteorite	ဥက္ကာခဲ	ou' ka ge:
avalanche	ရေခဲနှင့်ကျောက်တုံးများထိုးကျခြင်း	jei ge: hnin kjau' toun: mja: htou: gja. gjin:
snowslide	လေတိုက်ပြီးဖြစ်နေသောနှင်းပုံ	lei dou' hpji: bi' nei dho: hnin: boun
blizzard	နှင်းမုန်တိုင်း	hnin: moun dain:
snowstorm	နှင်းမုန်တိုင်း	hnin: moun dain:

Fauna

135. Mammals. Predators

predator	သားရဲ	tha: je:
tiger	ကျား	kja:
lion	ခြင်္သေ့	chin dhei.
wolf	ဝံပုလွေ	wun bu. lwei
fox	မြေခွေး	mjei gwei:
jaguar	ဂျာကွာကျားသစ်မျိုး	gja gwa gja: dhi' mjou:
leopard	ကျားသစ်	kja: dhi'
cheetah	သစ်ကျွတ်	thi' kjou'
black panther	ကျားသစ်နက်	kja: dhi' ne'
puma	ပျူးမားတောင်ခြင်္သေ့	pju. ma: daun gjin dhei.
snow leopard	ရေခဲတောင်ကျားသစ်	jei ge: daun gja: dhi'
lynx	လင့်ကြောင်မျိုးတို့	lin. gjaun mji: dou
coyote	ဝံပုလွေငယ်တစ်မျိုး	wun bu. lwei nge di' mjou:
jackal	ခွေးအ	khwei: a.
hyena	ဟိုင်အီးနား	hain i: na:

136. Wild animals

animal	တိရစ္ဆာန်	tharei' hsan
beast (animal)	ခြေလေးချောင်းသတ္တဝါ	chei lei: gjaun: dhadawa
squirrel	ရှဉ့်	shin.
hedgehog	ဖြူကောင်	hpju gaun
hare	တောယုန်ကြီး	to: joun gji:
rabbit	ယုန်	joun
badger	ခွေးတူဝက်တူကောင်	khwei: du we' tu gaun
raccoon	ရက်ကွန်းဝံ	je' kwan: wan
hamster	မြီးတိုပါးတွဲကြွက်	mji: dou ba: dwe: gjwe'
marmot	မားမွတ်ကောင်	ma: mou. t gaun
mole	ပွေး	pwei:
mouse	ကြွက်	kjwe'
rat	မြေကြွက်	mjei gjwe'
bat	လင်းနို့	lin: nou.
ermine	အာမင်ကောင်	a: min gaun
sable	ဆေဘယ်	hsei be

marten	အသားစားအကောင်ငယ်	atha: za: akaun nge
weasel	သားစားဖျံ	tha: za: bjan
mink	မင့်ခ်မြွေပါ	min kh mjwei ba
beaver	ဖျံကြီးတစ်မျိုး	hpjan gji: da' mjou:
otter	ဖျံ	hpjan
horse	မြင်း	mjin:
moose	ဦးချိုပြားသော သမင်ကြီး	u: gjou bja: dho: thamin gji:
deer	သမင်	thamin
camel	ကုလားအုတ်	kala: ou'
bison	အမေရိကန်ပြောင်	amei ji kan pjaun
wisent	အောရက်စ်	o: re' s
buffalo	ကျွဲ	kjwe:
zebra	မြင်းကျား	mjin: gja:
antelope	အပြေးမြန်သော တောဆိတ်	apjei: mjan de. hto: zei'
roe deer	ဒရယ်ငယ်တစ်မျိုး	da. je nge da' mjou:
fallow deer	ဒရယ်	da. je
chamois	တောင်ဆိတ်	taun zei'
wild boar	တောဝက်ထီး	to: we' hti:
whale	ဝေလငါး	wei la. nga:
seal	ပင်လယ်ဖျံ	pin le bjan
walrus	ဝေါရပ်စ်ဖျံ	wo: ra's hpjan
fur seal	အမွေးပါသောပင် လယ်ဖျံ	amwei: pa dho: bin le hpjan
dolphin	လင်းပိုင်	lin: bain
bear	ဝက်ဝံ	we' wun
polar bear	ပိုလာဝက်ဝံ	pou la we' wan
panda	ပန်ဒါဝက်ဝံ	pan da we' wan
monkey	မျောက်	mjau'
chimpanzee	ချင်ပင်ဇီမျောက်ဝံ	chin pin zi mjau' wan
orangutan	အောရန်အူတန်လူဝံ	o ran u tan lu wun
gorilla	ဂေါရီလာမျောက်ဝံ	go ji la mjau' wun
macaque	မာကာကွေမျောက်	ma ga gwei mjau'
gibbon	မျောက်လွှဲကျော်	mjau' hlwe: gjo
elephant	ဆင်	hsin
rhinoceros	ကြံ့	kjan.
giraffe	သစ်ကုလားအုတ်	thi' ku. la ou'
hippopotamus	ရေမြင်း	jei mjin:
kangaroo	သားပိုက်ကောင်	tha: bai' kaun
koala (bear)	ကိုအာလာဝက်ဝံ	kou a la we' wun
mongoose	မြွေပါ	mwei ba
chinchilla	ချင်းချီလာ	chin: chi la
skunk	စကန့်ခ်ဖျံ	sakan. kh hpjan
porcupine	ဖြူ	hpju

137. Domestic animals

cat	ကြောင်	kjaun
tomcat	ကြောင်ထီး	kjaun di:
dog	ခွေး	khwei:
horse	မြင်း	mjin:
stallion (male horse)	မြင်းထီး	mjin: di:
mare	မြင်းမ	mjin: ma.
cow	နွား	nwa:
bull	နွားထီး	nwa: di:
ox	နွားထီး	nwa: di:
sheep (ewe)	သိုး	thou:
ram	သိုးထီး	thou: hti:
goat	ဆိတ်	hsei'
billy goat, he-goat	ဆိတ်ထီး	hsei' hti:
donkey	မြည်း	mji:
mule	လား	la:
pig, hog	ဝက်	we'
piglet	ဝက်ကလေး	we' ka lei:
rabbit	ယုန်	joun
hen (chicken)	ကြက်	kje'
rooster	ကြက်ဖ	kje' pha.
duck	ဘဲ	be:
drake	ဘဲထီး	be: di:
goose	ဘဲငန်း	be: ngan:
tom turkey, gobbler	ကြက်ဆင်	kje' hsin
turkey (hen)	ကြက်ဆင်	kje' hsin
domestic animals	အိမ်မွေးတိရစ္ဆာန်များ	ein mwei: ti. ji. swan mja:
tame (e.g., ~ hamster)	ယဉ်ပါးသော	jin ba: de.
to tame (vt)	ယဉ်ပါးစေသည်	jin ba: zei de
to breed (vt)	သားပေါက်သည်	tha: bau' te
farm	စိုက်ပျိုးမွေးမြူ	sai' pjou: mwei: mju
	ရေးရာ	jei: gjan
poultry	ကြက်ဌက်တိရိစ္ဆာန်	kje' ti ji za hsan
cattle	ကျွဲနွားတိရစ္ဆာန်	kjwe: nwa: tarei. zan
herd (cattle)	အုပ်	ou'
stable	မြင်းဇောင်း	mjin: zaun:
pigpen	ဝက်ခြံ	we' khan
cowshed	နွားတင်းကုပ်	nwa: din: gou'
rabbit hutch	ယုန်အိမ်	joun ein
hen house	ကြက်လှောင်အိမ်	kje' hlaun ein

138. Birds

bird	ငှက်	hnge'
pigeon	ခို	khou
sparrow	စာကာလေး	sa ga. lei:
tit (great tit)	စာဝတီးငှက်	sa wadi: hnge'
magpie	ငှက်ကျား	hnge' kja:
raven	ကျီးနက်	kji: ne'
crow	ကျီးကန်း	kji: kan:
jackdaw	ဥရောပကျီးတစ်မျိုး	u. jo: pa gji: di' mjou:
rook	ကျီးအ	kji: a.
duck	ဘဲ	be:
goose	ဘဲငန်း	be: ngan:
pheasant	ရစ်ငှက်	ji' hnge'
eagle	လင်းယုန်	lin: joun
hawk	သိမ်းငှက်	thain: hnge'
falcon	အမဲလိုက်သိမ်းငှက်တစ်မျိုး	ame: lai' thein: hnge' ti' mjou:
vulture	လင်းတ	lin: da.
condor (Andean ~)	တောင်အမေရိကလင်းတ	taun amei ri. ka. lin: da.
swan	ငန်း	ngan:
crane	ငှက်ကုလား	hnge' ku. la:
stork	ချည်ခင်စွပ်ငှက်	che gin zu' hnge'
parrot	ကြက်တူရွေး	kje' tu jwei:
hummingbird	ငှက်ပိတုန်း	hnge' pi. doun:
peacock	ဥဒေါင်း	u. daun:
ostrich	ငှက်ကုလားအုတ်	hnge' ku. la: ou'
heron	ဗျိုင်းငှက်	nga hi' hnge'
flamingo	ကြိုးကြားနီ	kjou: kja: ni
pelican	ငှက်ကြီးဝမ်းပို	hnge' kji: wun bou
nightingale	ဝေးဆိုငှက်	tei: hsou hnge'
swallow	ပျုံလွှား	pjan hlwa:
thrush	မြေလူးငှက်	mjei lu: hnge'
song thrush	ဝေးဆိုမြေလူးငှက်	tei: hsou mjei lu: hnge'
blackbird	ငှက်မည်း	hnge' mji:
swift	ပျုံလွှားတစ်မျိုး	pjan hlwa: di' mjou:
lark	ဘီလုံးငှက်	bi loun: hnge'
quail	ငုံး	ngoun:
woodpecker	သစ်တောက်ငှက်	thi' tau' hnge'
cuckoo	ဥခြငှက်	udhja hnge'
owl	ဇီးကွက်	zi: gwe

eagle owl	သိမ်းငှက်အနွယ်ဝင်းကွက်	thain: hnge' anwe win zi: gwe'
wood grouse	ရစ်	ji'
black grouse	ရစ်နက်	ji' ne'
partridge	ခါ	kha

starling	ကျဲဆက်ရက်	kjwe: hse' je'
canary	စာဝါငှက်	sa wa hnge'
hazel grouse	ရစ်ညို	ji' njou
chaffinch	စာကျွဲခေါင်း	sa gjwe: gaun:
bullfinch	စာကျွဲခေါင်းငှက်	sa gjwe: gaun: hngwe'

seagull	စင်ရော်	sin jo
albatross	ပင်လယ်စင်ရော်ကြီး	pin le zin jo gji:
penguin	ပင်ဂွင်း	pin gwin:

139. Fish. Marine animals

bream	ငါးကြင်းတစ်မျိုး	nga: gjin: di' mjou
carp	ငါးကြင်း	nga gjin:
perch	ငါးပြေမတစ်မျိုး	nga: bjei ma. di' mjou:
catfish	ငါးခူ	nga: gu
pike	ပိုက်ငါး	pai' nga

| salmon | ဆော်လမွန်ငါး | hso: la. mun nga: |
| sturgeon | စတာဂျင်ငါးကြီးမျိုး | sata gjin nga: gji: mjou: |

herring	ငါးသလောက်	nga: dha. lau'
Atlantic salmon	ဆော်လမွန်ငါး	hso: la. mun nga:
mackerel	မက်ကရယ်ငါး	me' ka. je nga:
flatfish	ဥရောပငါးခွေးလျှာတစ်မျိုး	u. jo: pa nga: gwe: sha di' mjou:

zander, pike perch	ငါးပြေမအနွယ်ဝင်းတစ်မျိုး	nga: bjei ma. anwe win nga: di' mjou:
cod	ငါးကြီးဆီထုတ်သောငါး	nga: gji zi dou' de. nga:
tuna	တူနာငါး	tu na nga:
trout	ထရောက်ငါး	hta. jau' nga:

eel	ငါးရှဉ့်	nga: shin.
electric ray	ငါးလက်ထုံ	nga: le' htoun
moray eel	ငါးရှဉ့်ကြီးတစ်မျိုး	nga: shin. gji: da' mjou:
piranha	အသားစားငါးငယ်တစ်မျိုး	atha. za: nga: nge ti' mjou:

shark	ငါးမန်း	nga: man:
dolphin	လင်းပိုင်	lin: bain
whale	ဝေလငါး	wei la. nga:
crab	ကကန်း	kanan:
jellyfish	ငါးဖန်ခွတ်	nga: hpan gwe'

octopus	ရေဘဝဲ	jei ba. we:
starfish	ကြယ်ငါး	kje nga:
sea urchin	သိပဲချုပ်	than ba. gjou'
seahorse	ရေနဂါး	jei naga:

oyster	ကမာကောင်	kama kaun
shrimp	ပုစွန်	bazun
lobster	ကျောက်ပုစွန်	kjau' pu. zun
spiny lobster	ကျောက်ပုစွန်	kjau' pu. zun

140. Amphibians. Reptiles

snake	မြွေ	mwei
venomous (snake)	အဆိပ်ရှိသော	ahsei' shi. de.

viper	မြွေပွေး	mwei bwei:
cobra	မြွေဟောက်	mwei hau'
python	စပါးအုံးမြွေ	saba: oun: mwei
boa	စပါးကြီးမြွေ	saba: gji: mwei

grass snake	မြက်လျောမြွေ	mje' sho: mwei
rattle snake	ခလောက်ဆွဲမြွေ	kha. lau' hswe: mwei
anaconda	အနာကွန်ဒါမြွေ	ana kun da mwei

lizard	တွားသွားသတ္တဝါ	twa: dhwa: tha' tawa
iguana	ဖွတ်	hpu'
monitor lizard	ပုတ်သင်	pou' thin
salamander	ရေပုတ်သင်	jei bou' thin
chameleon	ပုတ်သင်ညို	pou' thin njou
scorpion	ကင်းမြီးကောက်	kin: mji: kau'

turtle	လိပ်	lei'
frog	ဖား	hpa:
toad	ဖားပြုပ်	hpa: bju'
crocodile	မိကျောင်း	mi. kjaun:

141. Insects

insect, bug	ပိုးမွှား	pou: hmwa:
butterfly	လိပ်ပြာ	lei' pja
ant	ပုရွက်ဆိတ်	pu. jwe' hsei'
fly	ယင်ကောင်	jin gaun
mosquito	ခြင်	chin
beetle	ပိုးတောင်မာ	pou: daun ma

wasp	နကျယ်ကောင်	na. gje gaun
bee	ပျား	pja:
bumblebee	ပိတုန်း	pi. doun:

English	Burmese	Pronunciation
gadfly (botfly)	မှက်	hme'
spider	ပင့်ကူ	pjin. gu
spiderweb	ပင့်ကူအိမ်	pjin gu ein
dragonfly	ပုစဉ်း	bazin
grasshopper	နံကောင်	hnan gaun
moth (night butterfly)	ပိုးဖလံ	pou: ba. lan
cockroach	ပိုးဟပ်	pou: ha'
tick	မွား	hmwa:
flea	သန်း	than:
midge	မှက်အသေးစား	hme' athei: za:
locust	ကျိုင်းကောင်	kjain: kaun
snail	ခရု	khaju.
cricket	ပုရစ်	paji'
lightning bug	ပိုးစုန်းကြူး	pou: zoun: gju:
ladybug	လေဒီဘတ်ပိုးတောင်မာ	lei di ba' pou: daun ma
cockchafer	အုန်းပိုး	oun: bou:
leech	မျှော့	hmjo.
caterpillar	ပေါက်ဖက်	pau' hpe'
earthworm	တီကောင်	ti gaun
larva	ပိုးဝုံးလုံး	pou: doun: loun:

Flora

142. Trees

tree	သစ်ပင်	thi' pin
deciduous (adj)	ရွက်ပြုတ်	jwe' pja'
coniferous (adj)	ထင်းရှူးပင်နှင့်ဆိုင်သော	htin: shu: bin hnin. zain de.
evergreen (adj)	အဖဲားဂရင်းပင်	e ba: ga rin: bin
apple tree	ပန်းသီးပင်	pan: dhi: bin
pear tree	သစ်တော်ပင်	thi' to bin
sweet cherry tree	ချယ်ရီသီးအချိုပင်	che ji dhi: akjou bin
sour cherry tree	ချယ်ရီသီးအချဉ်ပင်	che ji dhi: akjin bin
plum tree	ဆီးပင်	hsi: bin
birch	ဘုဇဗတ်ပင်	bu. za. ba' pin
oak	ဝက်သစ်ချပင်	we' thi' cha. bin
linden tree	လင်ဒန်ပင်	lin dan pin
aspen	ပေါ်ပလာပင်တစ်မျိုး	po. pa. la bin di' mjou:
maple	မေပယ်ပင်	mei pe bin
spruce	ထင်းရှူးပင်တစ်မျိုး	htin: shu: bin ti' mjou:
pine	ထင်းရှူးပင်	htin: shu: bin
larch	ကတောပုံထင်းရှူးပင်	ka dau. boun din: shu: pin
fir tree	ထင်းရှူးပင်တစ်မျိုး	htin: shu: bin ti' mjou:
cedar	သစ်ကတိုးပင်	thi' gadou: bin
poplar	ပေါ်ပလာပင်	po. pa. la bin
rowan	ရာအန်ပင်	ra an bin
willow	မိုးမခပင်	mou: ma. ga. bin
alder	အိုလ်ဒါပင်	oun da bin
beech	ယင်းသစ်	jin: dhi'
elm	အမ်ပင်	an bin
ash (tree)	အက်ရှ်အပင်	e' sh apin
chestnut	သစ်အယ်ပင်	thi' e
magnolia	တတိုင်းမွှေးပင်	ta tain: hmwei: bin
palm tree	ထန်းပင်	htan: bin
cypress	စိုက်ပရက်စ်ပင်	sai' pa. je's pin
mangrove	လမုပင်	la. mu. bin
baobab	ကန္တာရပေါက်ပင်တစ်မျိုး	kan ta ja. bau' bin di' chju:
eucalyptus	ယူကလစ်ပင်	ju kali' pin
sequoia	ဆီကွိုလာပင်	hsi gwou la pin

143. Shrubs

bush	ချုံပုတ်	choun bou'
shrub	ချုံ	choun
grapevine	စပျစ်	zabji'
vineyard	စပျစ်ခြံ	zabji' chan
raspberry bush	ရက်စဘယ်ရီ	re' sa be ji
blackcurrant bush	ဘလက်ကားရန်	ba. le' ka: jan.
redcurrant bush	အနီရောင်ဘယ်ရီသီး	ani jaun be ji dhi:
gooseberry bush	ကုလားဆီးဖြူပင်	kala: zi: hpju pin
acacia	အကေရှားပင်	akei sha: bin:
barberry	ဘားဘယ်ရီပင်	ba: be' ji bin
jasmine	စံပယ်ပင်	san be bin
juniper	ဂျူနီပါပင်	gju ni ba bin
rosebush	နှင်းဆီချုံ	hnin: zi gjun
dog rose	တောရိုင်းနှင်းဆီပင်	to: ein: hnin: zi bin

144. Fruits. Berries

fruit	အသီး	athi:
fruits	အသီးများ	athi: mja:
apple	ပန်းသီး	pan: dhi:
pear	သစ်တော်သီး	thi' to dhi:
plum	ဆီးသီး	hsi: dhi:
strawberry (garden ~)	စတော်ဘယ်ရီသီး	sato be ri dhi:
cherry	ချယ်ရီသီး	che ji dhi:
sour cherry	ချယ်ရီချဉ်သီး	che ji gjin dhi:
sweet cherry	ချယ်ရီချိုသီး	che ji gjou dhi:
grape	စပျစ်သီး	zabji' thi:
raspberry	ရက်စဘယ်ရီ	re' sa be ji
blackcurrant	ဘလက်ကားရန်	ba. le' ka: jan.
redcurrant	အနီရောင်ဘယ်ရီသီး	ani jaun be ji dhi:
gooseberry	ကုလားဆီးဖြူ	ka. la: his: hpju
cranberry	ကရန်ဘယ်ရီ	ka. jan be ji
orange	လိမ္မော်သီး	limmo dhi:
mandarin	ပျားလိမ္မော်သီး	pja: lein mo dhi:
pineapple	နာနတ်သီး	na na' dhi:
banana	ငှက်ပျောသီး	hnge' pjo: dhi:
date	စွန်ပလွံသီး	sun palun dhi:
lemon	သံပုရာယဉ်သီး	than bu. jou dhi:
apricot	တရုတ်ဆီးသီး	jau' hsi: dhi:

English	Burmese	Pronunciation
peach	မက်မွန်သီး	me' mwan dhi:
kiwi	ကီဝီသီး	ki wi dhi
grapefruit	ဂရိတ်ဖရူးသီး	ga. ri' hpa. ju dhi:
berry	ဘယ်ရီသီး	be ji dhi:
berries	ဘယ်ရီသီးများ	be ji dhi: mja:
cowberry	အနီရောင်ဘယ်ရီသီးတစ်မျိုး	ani jaun be ji dhi: di: mjou:
wild strawberry	စတော်ဘယ်ရီရိုင်	sato be ri jain:
bilberry	ဘီလ်ဘယ်ရီအသီး	bi' I be ji athi:

145. Flowers. Plants

English	Burmese	Pronunciation
flower	ပန်း	pan:
bouquet (of flowers)	ပန်းစည်း	pan: ze:
rose (flower)	နှင်းဆီပန်း	hnin: zi ban:
tulip	ကျူးလစ်ပန်း	kju: li' pan:
carnation	ဇော်မွှားပန်း	zo hmwa: bin:
gladiolus	သစ္စာပန်း	thi' sa ban:
cornflower	အပြာရောင်တောပန်းတစ်မျိုး	apja jaun dho ban: da' mjou:
harebell	ခေါင်းရန်းအပြာပန်း	gaun: jan: apja ban:
dandelion	တောပန်းအဝါတစ်မျိုး	to: ban: awa ti' mjou:
camomile	မေမြို့ပန်း	mei. mjou: ban:
aloe	ရှားစောင်းလက်ပတ်ပင်	sha: zaun: le' pa' pin
cactus	ရှားစောင်းပင်	sha: zaun: bin
rubber plant, ficus	ရော်ဘာပင်	jo ba bin
lily	နှင်းပန်း	hnin: ban:
geranium	ကြွေပန်းတစ်မျိုး	kjwei ban: da' mjou:
hyacinth	ဗေဒါပန်း	bei da ba:
mimosa	ထိကရုံးကြီးပင်	hti. ga. joun: gji: bin
narcissus	နားစီဆက်စ်ပင်	na: zi ze's pin
nasturtium	တောင်ကြာကလေး	taun gja galei:
orchid	သစ်ခွပင်	thi' khwa. bin
peony	စနဒပန်း	san dapan:
violet	ဝိုင်းအိုးလက်	bain: ou le'
pansy	ပေါင်ဒါပန်း	paun da ban:
forget-me-not	ခင်မမေ့ပန်း	khin ma. mei. pan:
daisy	ဒေစီပန်း	dei zi bin
poppy	ဘိန်းပင်	bin: bin
hemp	ဆေးခြောက်ပင်	hsei: chau' pin
mint	ပူစီနံ	pu zi nan
lily of the valley	နှင်းပန်းတစ်မျိုး	hnin: ban: di' mjou:

snowdrop	နှင်းခေါင်းလောင်းပန်း	hnin: gaun: laun: ban:
nettle	ဖက်ယားပင်	hpe' ja: bin
sorrel	မှော်ချဉ်ပင်	hmjo gji bin
water lily	ကြာ	kja
fern	ဖန်းပင်	hpan: bin
lichen	သစ်ကပ်မှော်	thi' ka' hmo
conservatory (greenhouse)	ဖန်လုံအိမ်	hpan ain
lawn	မြက်ခင်း	mje' khin:
flowerbed	ပန်းစိုက်ခင်း	pan: zai' khan:
plant	အပင်	apin
grass	မြက်	mje'
blade of grass	ရွက်ချွန်း	jwe' chun:
leaf	အရွက်	ajwa'
petal	ပွင့်ချပ်	pwin: gja'
stem	ပင်စည်	pin ze
tuber	ဥမြစ်	u. mi'
young plant (shoot)	အစို့အညှောက်	asou./a hnjau'
thorn	ဆူး	hsu:
to blossom (vi)	ပွင့်သည်	pwin: de
to fade, to wither	ညှိုးနွမ်းသည်	hnjou: nun: de
smell (odor)	အနံ့	anan.
to cut (flowers)	ရိတ်သည်	jei' te
to pick (a flower)	ခူးသည်	khu: de

146. Cereals, grains

grain	နံစားပင်တို့၏ အစေ့အဆန်	hnan za: bin dou. i. asei. ahsan
cereal crops	ကောက်ပဲသီးနှံ	kau' pe: dhi: nan
ear (of barley, etc.)	အနှံ	ahnan
wheat	ဂျုံ	gja. mei: ka:
rye	ဂျုံရိုင်း	gjoun jain:
oats	မျင်းစားဂျုံ	mjin: za: gjoun
millet	ကောက်ပဲသီးနှံပင်	kau' pe: dhi: nan bin
barley	မူယောစပါး	mu. jo za. ba:
corn	ပြောင်းဖူး	pjaun: bu:
rice	ဆန်စပါး	hsan zaba
buckwheat	ပန်းဂျုံ	pan: gjun
pea plant	ပဲစေ့	pe: zei.
kidney bean	ဗိုလ်စားပဲ	bou za: be:
soy	ပဲပုပ်ပဲ	pe: bou' pe
lentil	ပဲနီကလေး	pe: ni ga. lei:
beans (pulse crops)	ပဲအမျိုးမျိုး	pe: amjou: mjou:

COUNTRIES. NATIONALITIES

147. Western Europe

Europe	ဥရောပ	u. jo: pa
European Union	ဥရောပသမဂ္ဂ	u. jo: pa dha: me' ga.
Austria	သြစတြီးယား	o. sa. tji: ja:
Great Britain	အင်္ဂလန်	angga. lan
England	အင်္ဂလန်	angga. lan
Belgium	ဘယ်လ်ဂျီယံ	be l gji jan
Germany	ဂျာမန်	gja man
Netherlands	နယ်သာလန်	ne dha lan
Holland	ဟော်လန်	ho lan
Greece	ဂရိ	ga. ri.
Denmark	ဒိန်းမတ်	dein: ma'
Ireland	အိုင်ယာလန်	ain ja lan
Iceland	အိုက်စလန်း	ai' sa lan:
Spain	စပိန်	sapein
Italy	အီတလီ	ita. li
Cyprus	ဆူးပရက်စ်	hsu: pa. je' s te.
Malta	မာတာ	ma ta
Norway	နော်ဝေး	no wei:
Portugal	ပေါ်တူဂီ	po tu gi
Finland	ဖင်လန်	hpin lan
France	ပြင်သစ်	pjin dhi'
Sweden	ဆွီဒင်	hswi din
Switzerland	ဆွစ်ဇာလန်	hswa' za lan
Scotland	စကော့တလန်	sa. ko: talan
Vatican	ဗာတီကန်	ba di gan
Liechtenstein	ဗာတီကန်လူမျိုး	ba di gan dhu mjo:
Luxembourg	လူဇင်ဘော့	lju hsan bo.
Monaco	မိုနာကို	mou na kou

148. Central and Eastern Europe

Albania	အယ်လ်ဘေးနီးယား	e l bei: ni: ja:
Bulgaria	ဘူလ်ဂေးရီးယား	bou gei: ji: ja
Hungary	ဟန်ဂေရီ	han gei ji

Latvia	လတ်ဗီယန်	la' bi jan
Lithuania	လင်သူနီယံ	li' thu ni jan
Poland	ပိုလန်	pou lan

Romania	ရူမေးနီးယား	ru mei: ni: ja:
Serbia	ဆယ်ဗီယံ	hse bi jan.
Slovakia	ဆလိုဘာကီယာ	hsa. lou ba ki ja

Croatia	ခရိုအေးရှား	kha. jou ei: sha:
Czech Republic	ချက်	che'
Estonia	အက်စ်တိုးနီးယား	e's to' ni: ja:

Bosnia and Herzegovina	ဘော့စ်နီးယားနှင့်ဟာ ဇီဂိုဗီနာ	bo'. ni: ja: hnin. ha zi gou bi na
Macedonia (Republic of ~)	မက်ဆီဒိုးနီးယား	me' hsi: dou: ni: ja:
Slovenia	ဆလိုဗီနီးယား	hsa. lou bi ni: ja:
Montenegro	မွန်တန်နီဂရို	mun dan ni ga. jou

149. Former USSR countries

| Azerbaijan | အာဇာဘိုင်ဂျန် | a za bain gjin: |
| Armenia | အာမေးနီးယား | a me: ni: ja: |

Belarus	ဘီလာရုစ်	bi la ju'
Georgia	ဂျော်ဂျီယာ	gjo gji ja
Kazakhstan	ကာဇက်စတန်	ka ze' satan
Kirghizia	ကစ်ရီဂကစ္စတန်	ki' ji ki' za. tan
Moldova, Moldavia	မိုဒိုရာ	mou dou ja

| Russia | ရုရှား | ru. sha: |
| Ukraine | ယူကရိန်း | ju ka. jein: |

Tajikistan	တာဂျစ်ကစ္စတန်	ta gji' ki' sa. tan
Turkmenistan	တပ်မင်နစ္စတန်	ta' min ni' sa. tan
Uzbekistan	ဥဇဘက်ကစ္စတန်	u. za. be' ki' sa. tan

150. Asia

Asia	အာရှ	a sha.
Vietnam	ဗီယက်နမ်	bi je' nan
India	အိန္ဒိယ	indi. ja
Israel	အစ္စရေး	a' sa. jei:

China	တရုတ်	tajou'
Lebanon	လက်ဘနန်	le' ba. nun
Mongolia	မွန်ဂိုလီးယား	mun gou li: ja:
Malaysia	မလေးရှား	ma. lei: sha:
Pakistan	ပါကစ္စတန်	pa ki' sa. tan

Saudi Arabia	ဆော်ဒီအာရေဗီးယား	hso: di a jei. bi: ja:
Thailand	ထိုင်း	htain:
Taiwan	ထိုင်ဝမ်	htain wan
Turkey	တူရကီ	tu ra. ki
Japan	ဂျပန်	gja pan

Afghanistan	အာဖဂန်နစ္စတန်	apha. gan na' tan
Bangladesh	ဘင်္ဂလားဒေ့ရှ်	bang la: dei. sh
Indonesia	အင်ဒိုနီးရှား	in do ni: sha:
Jordan	ဂျော်ဒန်	gjo dan

Iraq	အီရတ်	ira'
Iran	အီရန်	iran
Cambodia	ကမ္ဘောဒီးယား	ga khan ba di: ja:
Kuwait	ကူဝိတ်	ku wi'

Laos	လာအို	la ou
Myanmar	မြန်မာ	mjan ma
Nepal	နီပေါ	ni po:
United Arab Emirates	အာရပ်နိုင်ငံများ	a ra' nain ngan mja:

Syria	ဆီးရီးယား	hsi: ji: ja:
Palestine	ပါလက်စတိုင်း	pa le' sa tain:
South Korea	တောင်ကိုရီးယား	taun kou ri: ja:
North Korea	မြောက်ကိုရီးယား	mjau' kou ji: ja:

151. North America

United States of America	အမေရိကန် ပြည်ထောင်စု	amei ji kan pji htaun zu
Canada	ကနေဒါနိုင်ငံ	ka. nei da nain gan
Mexico	မက္ကဆီကိုနိုင်ငံ	me' ka. hsi kou nain ngan

152. Central and South America

Argentina	အာဂျင်တီးနား	agin ti: na:
Brazil	ဘရာဇီးလ်	ba. ra zi'l
Colombia	ကိုလံဘီးယား	kou lan: bi: ja:
Cuba	ကျူးဘား	kju: ba:
Chile	ချီလီ	chi li

Bolivia	ဘိုလစ်ဗီးယား	bou la' bi: ja:
Venezuela	ဗင်နီဇွဲလား	be ni zwe: la:
Paraguay	ပါရာဂွေး	pa ja gwei:
Peru	ပီရူး	pi ju:

| Suriname | ဆူရီနိမ်း | hsu. ji nei: |
| Uruguay | အုရုဂွေး | ou. ju gwei: |

Ecuador	အီကွေဒေါ်	i kwei: do:
The Bahamas	ဘာဟာမက်	ba ha me'
Haiti	ဟိုင်တီ	hain ti
Dominican Republic	ဒိုမီနီကန်	dou mi ni kan
Panama	ပနားမား	pa. na: ma:
Jamaica	ဂျမေးကား	g'me:kaa:

153. Africa

Egypt	အီဂျစ်	igji'
Morocco	မော်ရိုကို	mo jou gou
Tunisia	တူနစ်ရှား	tu ni' sha:
Ghana	ဂါနာ	ga na
Zanzibar	ဇန်ဇီဘာ	zan zi ba
Kenya	ကင်ညာ	kin nja
Libya	လီဗီယာ	li bi ja
Madagascar	မာဒဂါကာစကာ	ma de' ka za ga
Namibia	နမ်မီးဘီးယား	nami: bi: ja:
Senegal	ဆယ်နီဂေါ်	hse ni go
Tanzania	တန်ဇေးနီးယား	tan za: ni: ja:
South Africa	တောင်အာဖရိက	taun a hpa. ji. ka.

154. Australia. Oceania

Australia	သြစတြေးလျ	thja za djei: lja
New Zealand	နယူးဇီလန်	na. ju: zi lan
Tasmania	တာစ်မေးနီးယား	ta. s mei: ni: ja:
French Polynesia	ပြင်သစ် ပေါ်လီးနီးရှား	pjin dhi' po li: ni: sha:

155. Cities

Amsterdam	အမ်စတာဒမ်မြို့	an za ta dan mjou.
Ankara	အမ်ကာရာမြို့	an ga ja mjou.
Athens	အေသင်မြို့	e thin mjou.
Baghdad	ဘဂ္ဂဒတ်မြို့	ba' ga. da mjou.
Bangkok	ဘန်ကောက်မြို့	ban gou' mjou.
Barcelona	ဘာစီလိုနာမြို့	ba zi lou na mjou.
Beijing	ပီကင်းမြို့	pi gin: mjou.
Beirut	ဘီရာရှုမြို့	bi ja ju. mjou.
Berlin	ဘာလင်မြို့	ba lin mjou.
Bonn	ဘွန်းမြို့	bwun: mjou.

Bordeaux	ဘော်ဒိုးမြို့	bo dou: mjou.
Bratislava	ဘရာတစ်ဆလာဗာမြို့	ba. ra ta' hsa. la ba mjou.
Brussels	ဘရပ်ဆဲလ်မြို့	ba. ja' hse:' mjou.
Bucharest	ဗူးခရက်မြို့	bu: ga. ja' mjou.
Budapest	ဘူဒါပက်စ်မြို့	bu da pa' s mjou.
Cairo	ကိုင်ရိုမြို့	kain jou mjou.
Chicago	ရှီကာဂိုမြို့	chi ka gou mjou.
Copenhagen	ကိုပင်ဟေးဂင်မြို့	kou pin hei: gin mjou.
Dar-es-Salaam	ဒါရှူဇလမ်မြို့	da ju za. lan mjou.
Delhi	ဒေလီမြို့	dei li mjou.
Dubai	ဒူဘိုင်းမြို့	du bain mjou.
Dublin	ဒပ်ဗလင်မြို့	da' ba lin mjou.
Düsseldorf	ဂျူဆယ်ဒေါ်ဖ်မြို့	gju hse' do. hp mjou.
Florence	ဖလောရန့်စ်မြို့	hpa. lau jan s mjou.
Frankfurt	ဖရန့်ဖြတ်မြို့	hpa. jan. hpa. t. mjou.
Geneva	ဂျနီဗာမြို့	gja. ni ba mjou.
Hamburg	ဟန်းဘာဂ်မြို့	han: ba. k mjou.
Hanoi	ဟနွိုင်းမြို့	ha. noin: mjou.
Havana	ဟာဗားနားမြို့	ha ba: na: mjou.
Helsinki	ဟယ်လ်ဆင်ကီမြို့	he l hsin ki mjou.
Hiroshima	ဟီရိုရှီးမားမြို့	hi jou si: ma: mjou.
Hong Kong	ဟောင်ကောင်မြို့	haun: gaun: mjou.
Istanbul	အစ္စတန်ဘူလ်မြို့	a' sa. tan bun mjou.
Jerusalem	ဂျေရူဆလင်မြို့	gjei jou hsa. lin mjou.
Kolkata (Calcutta)	ကာလကတ္တားမြို့	ka la ka' ta lin mjou.
Kuala Lumpur	ကွာလာလမ်ပူမြို့	kwa lan pu mjou.
Kyiv	ကီးယပ်မြို့	ki: je' mjou.
Lisbon	လစ်စဘွန်းမြို့	li' sa bun: mjou.
London	လန်ဒန်မြို့	lan dan mjou.
Los Angeles	လောအိန်ဂျလိပ်မြို့	lau in gja. li mjou.
Lyons	လိုင်ယွန့်မြို့	lain jun mjou.
Madrid	မတ်ဒရစ်မြို့	ma' da. ji' mjou.
Marseille	မာရ်ေဆးမြို့	ma zei: mjou.
Mexico City	မက္ကဆီကိုမြို့	me' ka. hsi kou mjou.
Miami	မီရာမီမြို့	mi ja mi mjou.
Montreal	မွန်ထဲရေယဲမြို့	mun da. ji je mjou.
Moscow	မော်စကိုမြို့	ma sa. kou mjou.
Mumbai (Bombay)	မွန်ဘိုင်းမြို့	mun bain mjou.
Munich	မျူးနစ်မြို့	mju: ni' mjou.
Nairobi	နိုင်ရိုဘီမြို့	nain jou bi mjo.
Naples	နေပေါမြို့	ni po: mjou.
New York	နယူးယောက်မြို့	na. ju: jau' mjou.
Nice	နိက်စ်မြို့	nai's mjou.
Oslo	အော်စလိုမြို့	o sa lou mjou.

Ottawa	အော့တဝါမြို့	o. ta wa mjou.
Paris	ပဲရစ်မြို့	pe: ji' mjou.
Prague	ပရက်မြို့	pa. ra' mjou.

Rio de Janeiro	ရီရိုဒေးဂျန်နီရိုမြို့	ri jou dei: gjan ni jou mjou.
Rome	ရောမမြို့	ro: ma. mjou.
Saint Petersburg	စိန့်ပီတာစဘတ်မြို့	sein. pi ta za ba' mjou.
Seoul	ဆိုးလ်မြို့	hsou: l mjou.
Shanghai	ရှန်ဟိုင်းမြို့	shan hain: mjou.

Singapore	စင်ကာပူ	sin ga pu
Stockholm	စတော့ဟုန်းမြို့	sato. houn: mjou.
Sydney	စစ်ဒနေမြို့	si' danei mjou.
Taipei	တိုင်ပေမြို့	tain bei mjou.
The Hague	ဒဟာဂူးမြို့	da. ha gu: mjou.
Tokyo	တိုကျိုမြို့	tou gjou mjou.

Toronto	တိုရွန်တိုမြို့	tou run tou mjou.
Venice	ဗင်းနစ်မြို့	bin: na' s mjou.
Vienna	ဗီယင်နာမြို့	bi jin na mjou.
Warsaw	ဝါဆောမြို့	wa so mjou.
Washington	ဝါရှင်တန်မြို့	wa shin tan mjou.

www.ingramcontent.com/pod-product-compliance
Lightning Source LLC
Chambersburg PA
CBHW070551050426
42450CB00011B/2808